知识领航财富人生

舵手俱乐部 www.duoshou108.com

赢在必涨点

王书冰 著

山西出版传媒集团
山西人民出版社

图书在版编目（CIP）数据

赢在必涨点 / 王书冰著. -- 太原：山西人民出版社，2016.1
ISBN 978-7-203-09503-3

Ⅰ.①赢… Ⅱ.①王… Ⅲ.①股票投资—基础知识 Ⅳ.① F830.91

中国版本图书馆 CIP 数据核字（2016）第 023917 号

赢在必涨点

著　　者：王书冰
责任编辑：孙　琳

出 版 者：山西出版传媒集团·山西人民出版社
地　　址：太原市建设南路 21 号
邮　　编：030012
发行营销：0351-4922220　4955996　4956039　4922127（传真）
天猫官网：http://sxrmcbs.tmall.com　电话：0351-4922159
E-mail　：sxskcb@163.com　发行部
　　　　　sxskcb@126.com　总编室
网　　址：www.sxskcb.com

经 销 者：山西出版传媒集团·山西人民出版社
承 印 厂：大厂回族自治县德诚印务有限公司

开　　本：710mm×1000mm　1/16
印　　张：9
字　　数：120 千字
印　　数：1-6000 册
版　　次：2016 年 4 月第 1 版
印　　次：2016 年 4 月第 1 次印刷
书　　号：ISBN 978-7-203-09503-3
定　　价：32.00 元

如有印装质量问题请与本社联系调换

序 言
PREFACE

找寻自己的生存逻辑

散户与主力相比,犹如数量众多的菜鸟与为数不多的老鹰一般。二者都在市场中觅食,但是各自的生存逻辑并不相同,因此追逐的目标大相径庭。值得注意的是,股市中的老鹰经常将菜鸟作为狩猎对象,而不少菜鸟却时不时地幻想能骑在老鹰的背上,甚至战胜老鹰。

因此,经常大败而逃的往往并不是老鹰,而是菜鸟。尽管我们经常会用"某某机构也被套了"来安慰自己……

那么,中小投资者的生存逻辑在哪里?该如何在市场中好好活,活出属于自己的精彩呢?

首先,要坚持顺势而为的投资理念,然后寻找安全系数相对较高的交易区域。适合自己的,适应市场的,才能营造最和谐的交易氛围。

具体而言,永远要把大盘走势作为投资分析的首选。只有当大盘指数确立中长期上升趋势之后(比如大盘指数高点、低点都在不断抬高),系统性风险才会变得相对较小,在此环境下做价值投资或价格投机,才会相对安全,投资胜率才会相对较高,投资目标才最容易实现。

其次,足够耐心才会足够好运。

股市旅途,"灯红酒绿"迷人眼。只有练就定力才不会被假象迷惑而

误入歧途；同时经常还会"飞沙走石"，一不留神就会伤痕累累。很多交易者不能正确认识自己乃至不能正确对待市场，尽管大家十分热衷于追求妙招、追逐牛股，但是个股波动节奏不同，启动时点各异，回过头看看股市旅途中，那么多妖股、大牛，我们抓到的有多少呢？是不是一买就跌、一抛就涨呢？不留遗憾吗？因此，只有具备足够耐心的理性投资者，才不会被短线涨跌迷惑而盲目追涨杀跌、自乱方寸，进而有机会捂住大牛股，成为大牛人。如何做呢？请看下一条。

再次，掌握必要的知识技能，与市场和谐共处，脚踏实地地做投资。这正是笔者构思本书的原因。过去的市场走势中蕴藏着现在乃至未来的秘密。总结历史规律，能更好的面对未来市场的不可知。这就是学习投资知识、技巧的价值所在。

本书正是按此思路，以系统性风险得到充分释放或相对较小的市场环境为依托，沿着顺势而为的思路，精选底部区域、稳定上涨阶段的投资方法，在此基础上给出对应的部分涨停板分析技术。为此，全书分为顺势伏击篇、强势追涨篇以及狙击涨停篇等三大部分，试图构筑一个相对完整的交易架构，为广大读者尤其是入市不久的投资者提供一些分析思路的启迪。

最后，本书能够顺利出版，要非常感谢舵手证券出版机构全体员工的不懈努力。同时由于笔者能力有限，时间仓促，不足之处万望指教！

王书冰

目　录
CONTENTS

第一部分　顺势伏击篇

第一章　声东击西 ... 3

第一节　形态构筑三步曲 ... 3

第二节　稳定盈利两要点 ... 5

第三节　低买一招鲜 ... 7

第四节　涨跌互换捉反弹 ... 9

第五节　"声东击西"测空间 ... 12

第六节　非典型实战应用 ... 14

第二章　掘宝价量坑 ... 17

第一节　形态五特征 ... 17

第二节　寻宝三要点 ... 20

第三节　盘中巧挖宝 ... 23

| 第四节 | 掘宝双连环 | 25 |

第三章　黑马神奇一线牵　29
第一节　制作神奇黑马线　29
第二节　"缓涨急跌"神奇黑马线实战　32
第三节　"急涨缓跌"黑马比率实战　34
第四节　捕捉分时黑马　39

第二部分　强势追涨篇

第四章　突出重围　45
第一节　突出重围模式解析　45
第二节　底部突围三要点　47
第三节　平台起高楼　51
第四节　连环突围实战　53

第五章　平地起惊雷　55
第一节　平地起惊雷模式解析　55
第二节　平地起惊雷战法应用　57

第六章　大鹏展翅　60
第一节　大鹏展翅实战模式解析　60
第二节　翅下潜藏一秘密　63
第三节　翅上飙升两条件　65

第七章　拐点快枪手 · · · · · · 69

第一节　波段内拐点战法 · · · · · · 69
第二节　拐点长阳测目标 · · · · · · 71
第三节　邻波段拐点战法 · · · · · · 74
第四节　拐点实战两要点 · · · · · · 77
第五节　拐点实战之"独臂擎天" · · · · · · 79

第三部分　狙击涨停篇

第八章　分时掘宝攻略 · · · · · · 87

第一节　分时掘宝概要 · · · · · · 87
第二节　"坑内"强势挖宝策略 · · · · · · 89
第三节　和谐掘宝三要点 · · · · · · 92

第九章　分时起惊雷 · · · · · · 96

第一节　分时惊雷三要点 · · · · · · 97
第二节　"足下"起惊雷 · · · · · · 100
第三节　"掌上"起惊雷 · · · · · · 103
第四节　把握暴跌之后的涨停板机会 · · · · · · 106

附录：抓住"黑天鹅"投资机会 · · · · · · 119

后记：修炼自我　跟着市场走 · · · · · · 135

第一部分　顺势伏击篇

总幻想超越市场、走在市场前面的投资者，终究会被市场所淘汰。唯有顺着市场走、跟着市场走，才能够走得更久、走得更远。

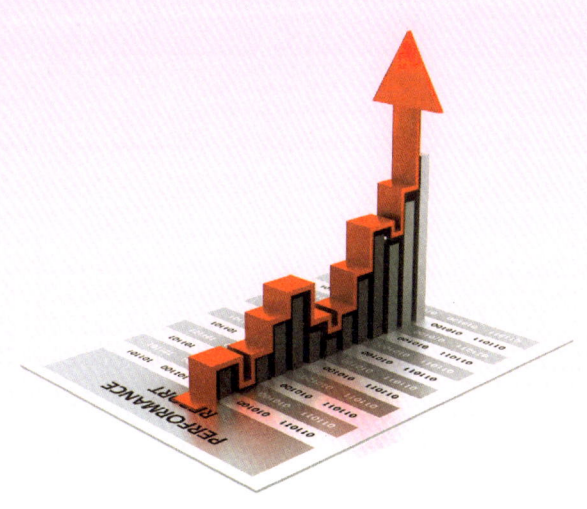

第一章　声东击西

> 涨跌互现、阴阳交替，是市场永恒不变的规律。每次顶底出现，总是有迹可寻。"声东击西"，作为一种十分常见的底部追踪模式，隐藏着"诱空—吸筹—做多"的典型博弈法则。投资者如能领会其中精髓，则可轻松发掘市场底部，先人一步把握战机。下面进行详细阐述。

第一节　形态构筑三步曲

"声东击西"，由"一支长阴线＋小幅度缩量横盘＋一支长阳线"构成。作为一种十分常见的底部构筑形态，通常出现在股价中期调整之后或上升趋势中单边（较快）下跌之后，之前的下跌时间通常不少于3周。随后的长阳线与先前的长阴线实体长度相当，水平位置接近，具有明显的反"吞噬"作用，是市场止跌企稳、筑底向上的重要标志。

图1-1就是"声东击西"形态的示意图。代表做多动能的长阳线，"消化掉"之前的做空长阴线，确立底部，开始上涨。因此，"声东击西"实战模式，是把握底部确定性交易机会的重要手段。

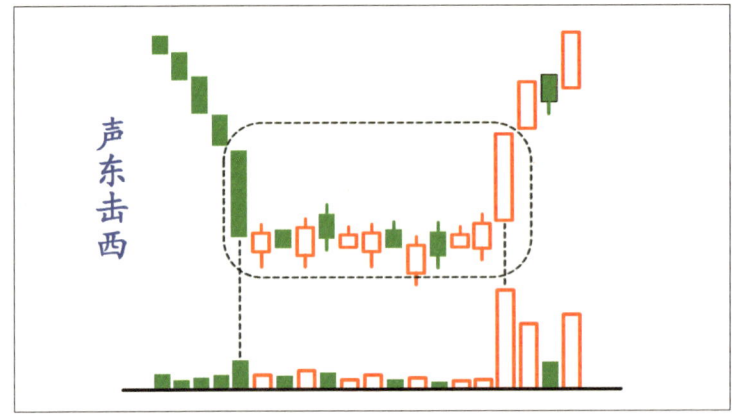

图 1-1

形态构筑三步曲

1. 市场（股价）经过较长时间的下跌后，出现单日大幅下挫，甚至单日跌停，对应的成交量只是稍稍放出，前后对比不够明显。

2. 长阴线之后，股价不再继续下挫，而是开始横盘整理，走出若干小阴小阳线。股价波动幅度较小，成交量严重萎缩，直至呈地量状态。

3. 随后，突然拉出带巨量长阳线，趋势逆转向上，成交量前后对比显著。

具体而言，就是市场经过较长时间下跌，尤其是经历"下跌—反弹—再下跌"三阶段调整之后，再走出单日跌幅大于3%的长阴线，导致多方最后的心理防线崩溃，开始缴械投降（成交量有所放大）。但是，市场（价格）自此却进入横向整理阶段而没有选择继续下挫。盘整通常会在四周内结束，在此期间，成交量仍旧延续了先前的严重缩量状态，显示人气极度清淡，交易氛围极度压抑。绝望之际，横盘区域突然拉出涨幅不小于3%的带巨量长阳K线（成交量较前一日至少放大1倍以上），标志着"声东击西"形态出现，底部确立，战略性买进机会出现。

第二节 稳定盈利两要点

在"声东"阶段,浮动筹码得到彻底清洗,同时强化了对多头的震慑力,为主力在绝对低位吸筹赢得时间;"击西"阶段,宣告底部构筑完成,总攻开始,吸引场外资金积极参与,为边洗盘边拉升提供人气保障。为此,交易中,要重点关注以下两大走势特征,为稳定盈利保驾护航。

1."声东"长阴线经常击穿BOLL通道下轨,并导致BOLL通道缩口放大,这表示下跌波涛汹涌,导致人们对后市开始绝望;"击西"长阳线经常上破BOLL通道上轨,并导致BOLL缩口放大,这显示上涨气贯长虹,投资欲望重新燃起。这一种冰火两重天式的走势,正是主力自编自导的压轴好戏,作为判断"声东击西"可靠度的重要参考依据。

2."击西"长阳线后,如果股价短线回调,则以不破该阳线实体下沿(开盘价)为关键性确认条件。跌破长阳线低点,意味着"声东击西"失败,要果断止损离场。

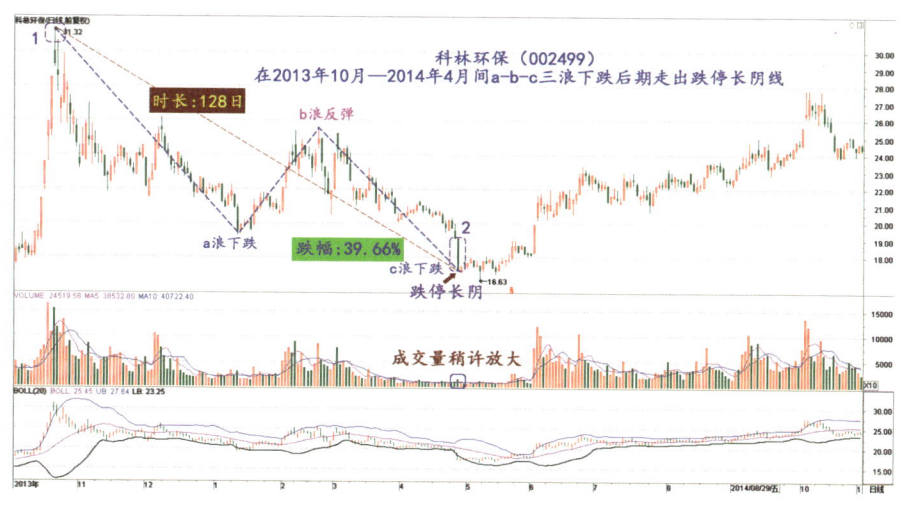

图 1-2

如图 1-2，在科林环保（002499）的日线走势图上，从 2013 年 10 月 22 日股价见顶开始（1 处），走出明显的 a-b-c 式三浪下跌，到 2014 年 4 月 28 日走出跌停长阴线为止（2 处），下跌时间 128 个交易日（半年），跌幅 39.69%。

2 处走出的长阴线，尽管看起来十分恐怖，但是随后股价不再下跌，显示市场做空动能充分释放，"截底"意味强烈。经过漫长下跌之后，空方也属"强弩之末"，对应的成交量只是稍稍放大一点，显示再没有大量恐慌性筹码可抛出。长阴线更多是在心理上对多方构成巨大震慑，使得做多者不敢轻易进场抄底，为主力在绝对低位继续吸筹赢得时间。这就是所谓"声东"的涵义。

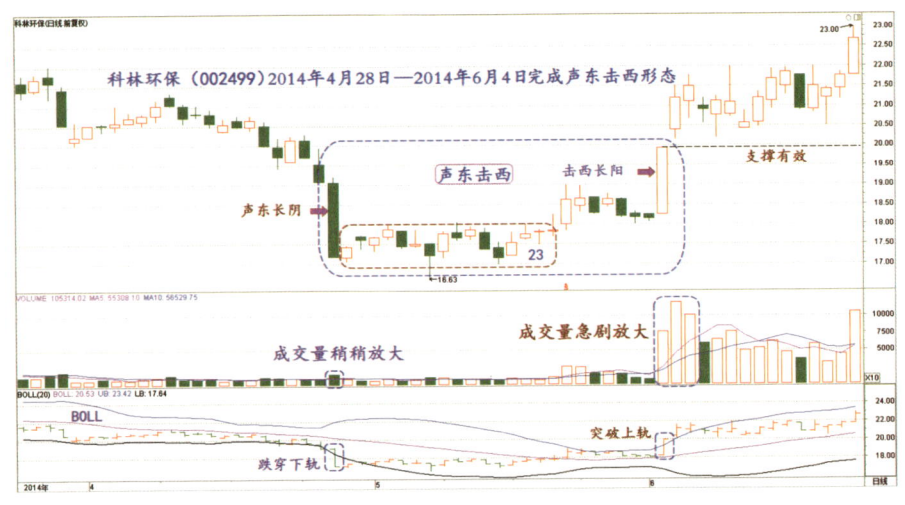

图 1-3

如图 1-3，接下来的市场走势印证了上面的判断，随后价格步入异常清淡的相持阶段，成交量持续严重萎缩，不论阴线还是阳线实体都很小。直到成交量异常放大，长阳线拔地而起，宣告"击西"动作完成，一举逆转颓势，发动上攻，底部买点出现了。

"'声东'长阴线—大线小量，'击西'长阳线—大线大量"。把握住这

第一部分 顺势伏击篇

一特征,就等于切住了"声东击西"实战模式的"命门"。

具体而言,如图1-3,在"声东"长阴线之前,股价单边下跌13个交易日后,在4月28日跌停,击穿BOLL通道下轨,通道口随之张开,死多崩溃,成交量稍稍放出。

随后小阴小阳横盘,量价持续"地平如镜"长达23个交易日。直到6月4日,走出伴随巨量的长阳线,向上突破BOLL通道上轨,BOLL通道口随之张开,做多人气突然激活,完成"声东击西"。随后股价在"击西"长阳线上方企稳后震荡走高。"击西"长阳当天及随后数日,均可积极布局,战略买进。具体请看下文。

第三节 低买一招鲜

由于"声东击西"形态主要出现在中长期下跌之后,股价在趋势逆转向上初期,经常会经历一次时间较长、幅度较大的震荡洗盘,以巩固底部区域。

在此过程中,"击西"长阳线对后市的支撑意义,将得到关键性发挥,

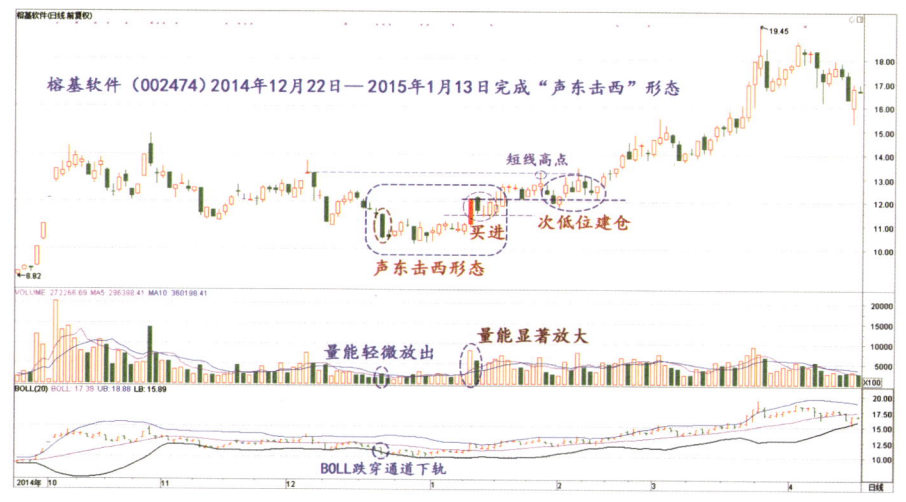

图1-4

这也是验证"声东击西"有效性的核心标志。其中的低吸机会,不容错过。

实战要领:逢波段高点卖出,股价回落至长阳线实体位置,获得有效支撑时,大量买进。

如图1-4,榕基软件(002474),在2014年12月22日—2015年1月13日之间完成"声东击西"形态构筑,市场趋势扭转向上。

实战中,首先在"击西"长阳当日以及随后三日内开仓买进,获取短差,然后等待股价回落,次低位建仓。

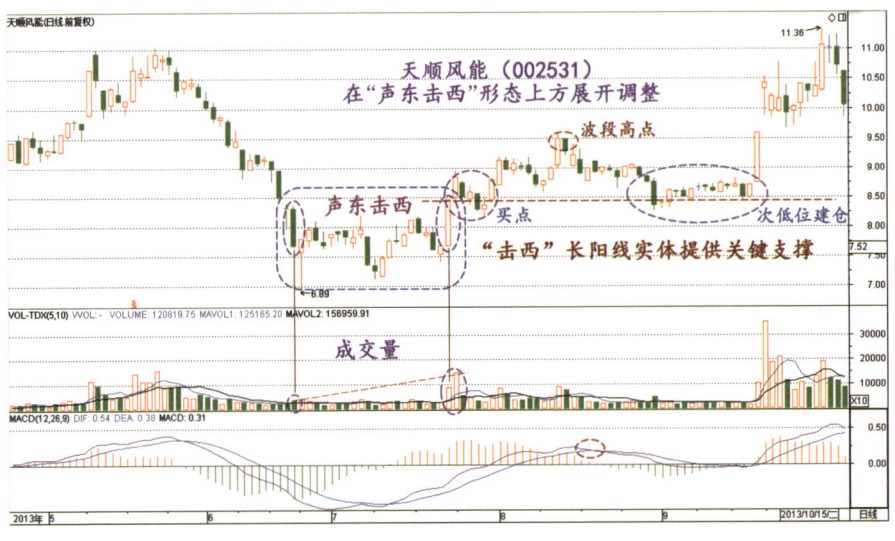

图 1-5

如图1-5,天顺风能(002531)日线,在2013年5月底单边快速下跌将近一个月后,走出长阴线,跌幅7.7%,彻底清洗浮筹。随后,股价陷入横盘震荡格局,于7月23日走出"击西"长阳线,宣告"声东击西"形态完成。

在通过波段交易博取短差的基础上,待股价回落至"击西"长阳线实体附近,获得有效支撑时,不可错失次低位战略性建仓良机。

建仓完成之后,可根据股价先前的跌幅,辅助把握随后的反弹高点,请看下文。

第一部分　顺势伏击篇

第四节　涨跌互换捉反弹

"声东击西"攻击形态之后，市场第一波段涨幅通常趋近或超越之前的中期跌幅。可据此把握波段高点卖出机会。

按照涨跌动能转换原理，"声东击西"形成之前的波段下跌幅度，将作为测量随后波段上涨幅度的重要参考依据——随后的波段涨幅，趋近于之前的波段跌幅，二者通常误差不会超过10%。因此，只要测量出"声东"长阴线之前的波段跌幅，就可预估出"击西"长阳线之后第一波段上涨幅度，从而把握第一波反弹高点。

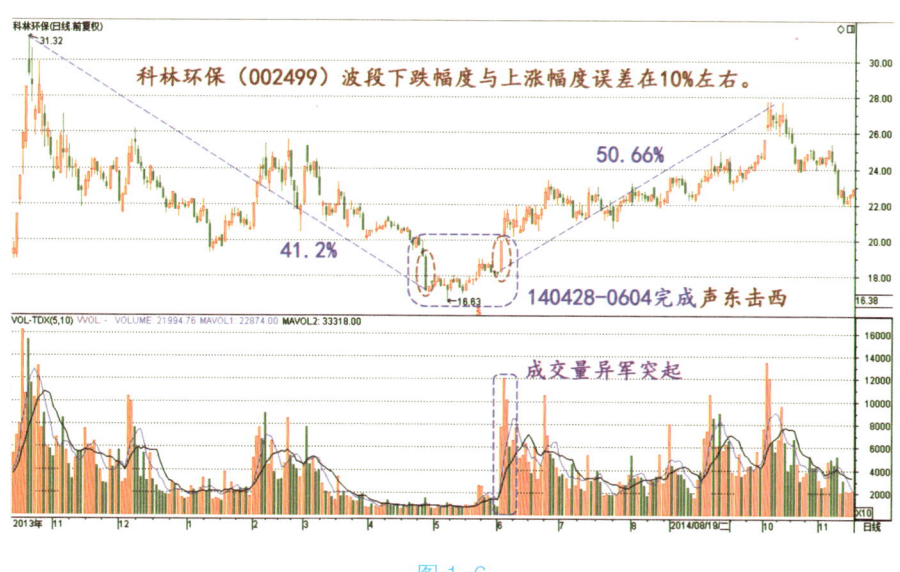

图 1-6

如图1-6，科林环保（002499），从见顶回落到2014年4月28日出现长阴线为止，下跌幅度41.2%，从6月4日走出长阳线、完成"击西"形态起，股价展开波段上涨，以涨停形式超越40%，最终达到50.66%后掉头向下，可及时高抛。两者误差在 10% 左右。这体现了"声东击西"形态之前的跌幅对于随后把握反弹卖点的实战价值。

如果"声东"长阴线后价格，横盘整理时间较短，则随后的第一波段涨幅较小，甚至失败。

"声东"之后，缩量整理时间越短，换手越不充分，越不利于主力收集筹码。这将拖累股价上行空间。同时，"击西"长阳线对应成交量越小，表示拉升动力越弱，越不利于未来"摧城拔寨"。

如图 1-7，科林环保（002499），股价走势在 2014 年 1 月 13 日—1 月 20 日之间形成较小级别的"声东击西"形态。

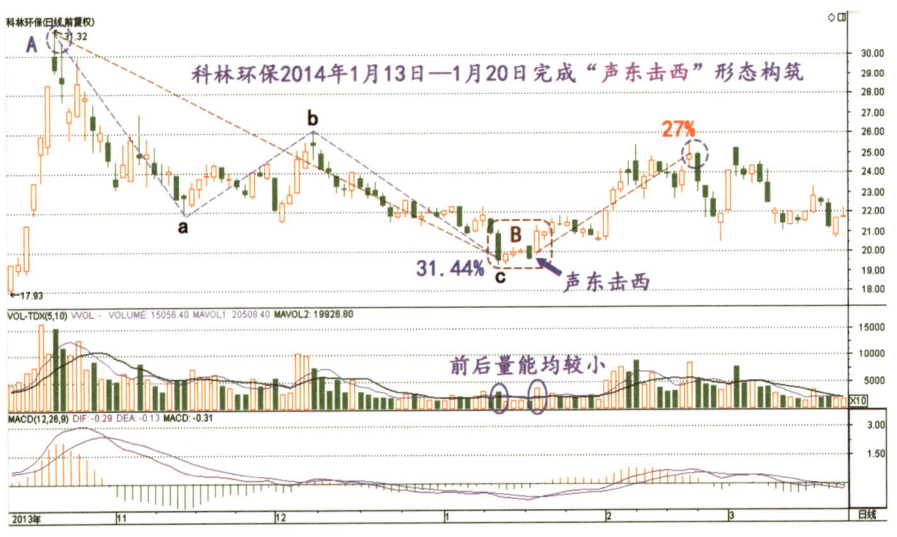

图 1-7

图中显示，股价从 A 处见顶回落，走出 a—b—c 三浪下跌，跌幅为 31.44%。从 1 月 13 日走出恐怖长阴线到 1 月 20 日拉出长阳线完成"声东击西"攻击为止，缩量横盘时间只有 4 个交易日，而且"击西"长阳线对应成交量也不是十分显著。这为投资者敲响了警钟，"击西"长阳线之后，如果准备买进，那么，盈利预期一定要降低，通常在 31% 之下结束。随后

第一部分　顺势伏击篇

股价第一波上涨幅度，没有超越之前的下跌幅度。

如果"击西"长阳线对应成交量较小，甚至小于"声东"长阴线对应的成交量，则预示着上攻动力不足。表现在走势中，就是上涨缓慢、"击西"长阳线之后，波段涨幅较小，可暂不参与。

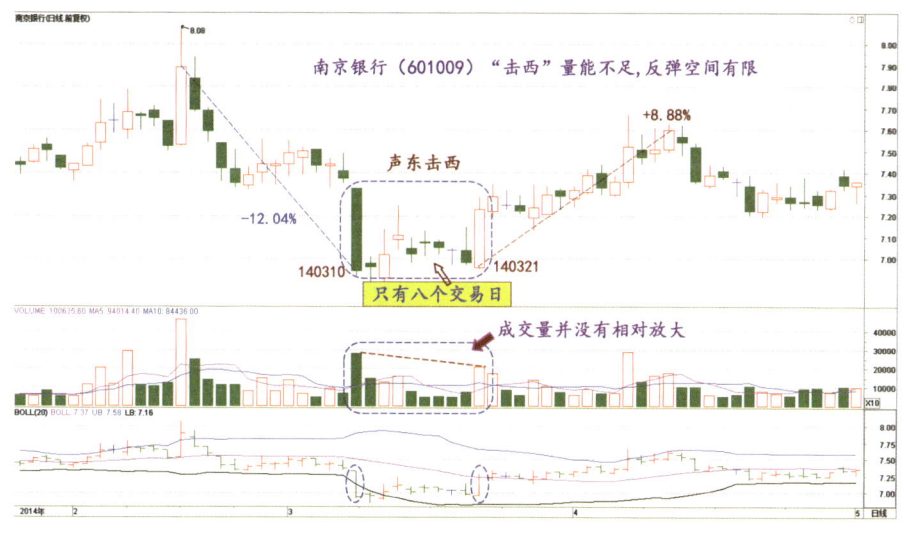

图 1-8

如图 1-8，南京银行（601009），在 2014 年 3 月 10 日到 10 月 21 日之间构筑"声东击西"形态，"声东"长阴线对应成交量较大，但是"击西"长阳对应成交量小于前者。同时，长阴线击穿了 BOLL 通道下轨，而"击西"长阳线却刚刚突破中轨，显示上攻动力不足、意愿不强。因此，尽管随后股价也继续反弹了，但是幅度较小，只有不到 9%，而之前的跌幅却超过了 12%。不参与也罢。

所以，实盘操作中，投资者要按照形态分析的基本要领，在顺势而为的前提下，综合筛选、临机决断。那么，当股价超越"声东"长阴之前的下跌高点后，上涨目标如何测量呢？请看下文。

第五节 "声东击西"测空间

"声东击西"形态构筑完成，股价创出新高后，可根据之前波段下跌幅度，测算未来第一波段上涨目标。

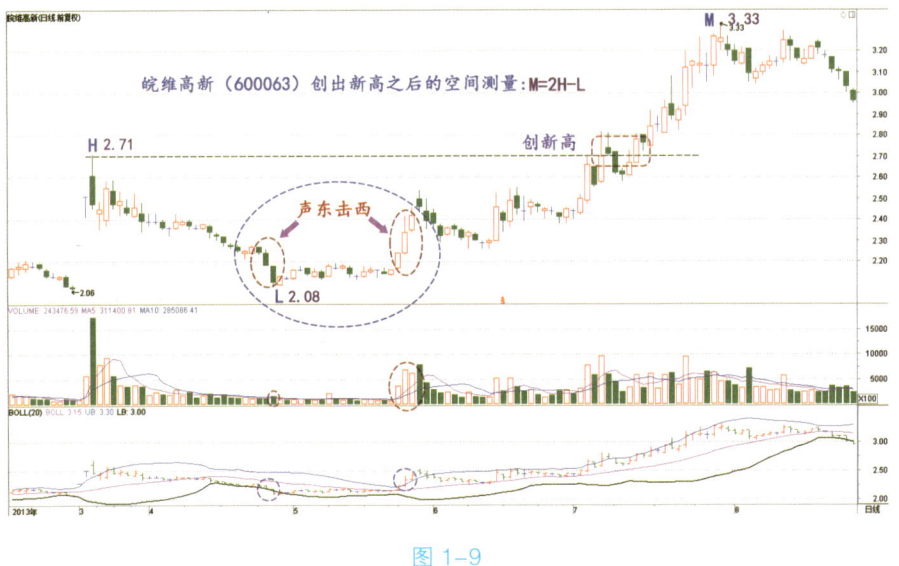

图1-9

如图1-9，皖维高新（600063），在上升趋势中见高点2.71元后，开始回落，在2.08元企稳，然后走出"声东击西"形态，买进良机出现。当股价超越下跌波段高点之后，可根据公式M=2H-L测量第一波上涨目标位：

M=2×2.71-2.08=3.34

图中显示，股价最高见到3.33元即横盘筑顶。在"击西"连续长阳线附近买进的投资者，可先行卖出，等待回落低点底部到来。

如果"击西"长阳线连续出现，且对应成交量显著放出，同时表示上攻动能比较充足，股价创新高的概率大大提高。

再看图1-10，中海发展（600026）在下跌趋势中，完成"声东击西"底部构筑，创出新高后，可测算第一波上涨目标位。

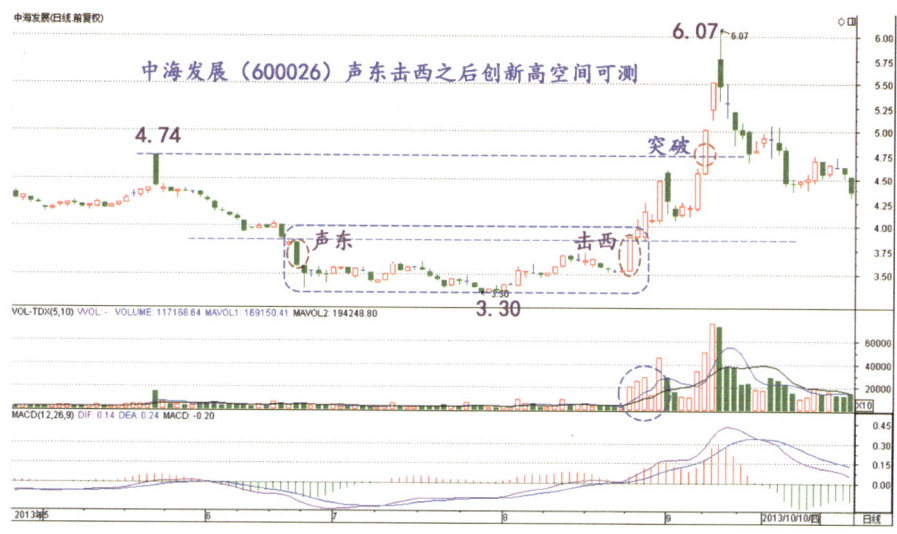

图1-10

上涨目标位：M=2H-L=2×4.74-3.30=6.18

图中显示，"声东"长阴线之前的波段高点为4.74元，股价突破之后上探6.07元，与目标位误差为0.11元。当股价急转直下时，可趁势卖出，回避波段下跌，耐心等待底部到来。只要股价不跌穿"击西"长阳实体位置，即可再次介入。

再看图1-11，紫鑫药业（002118）2013年6月到8月之间走出"声东击西"底部形态，而且"击西"带量长阳连续出现，股价成功突破前期高点。

据此测算上涨第一波段目标位：

M=2H-L=2×9.83-6.41=13.25

股价实际高点为13.31，二者误差仅有0.06元。之后，股价横盘筑顶，击穿上升趋势，投资者可先行获利出局，等待回落低点到来。

市场走势千变万化，但是万变不离其宗。只要抓住"声东击西"形态分析的核心，就可以扬鞭策马，任意驰骋。

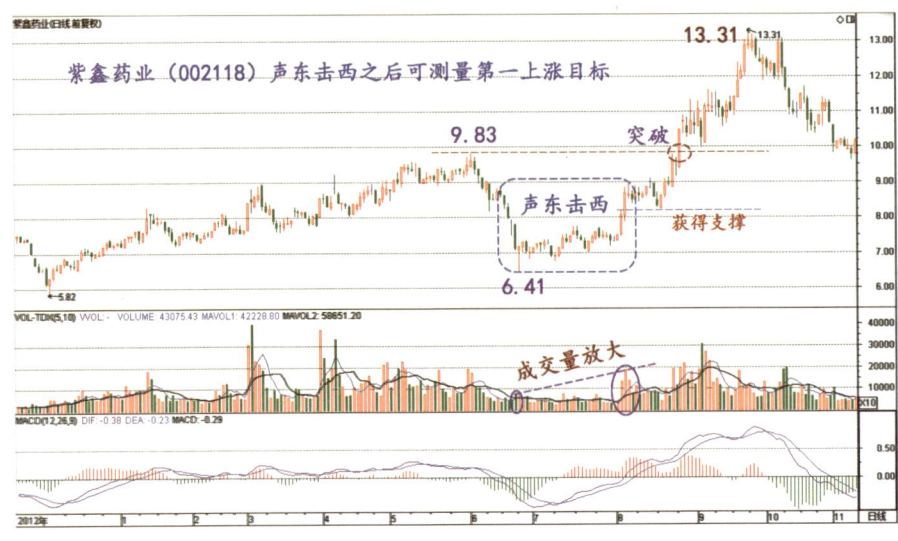

图 1-11

第六节 非典型实战应用

"声东击西三连发"以及"高峡出平湖",都是非典型性的"声东击西"实战形态,实际操作中,笔者发现,其成功概率也很高,同样值得我们多加重视。

"声东击西"之阴阳三连发

"声东击西三连发"形态,在实战中也时有碰到。具体而言,就是股价下跌一段时间后,出现三支连续阴线,实体逐渐加大(最后一支阴线实体最大),空方乘胜追击,多方节节溃退。但是,随后股价随即止跌横盘,三连发阴线,"声东"意味十分强烈。

第一部分　顺势伏击篇

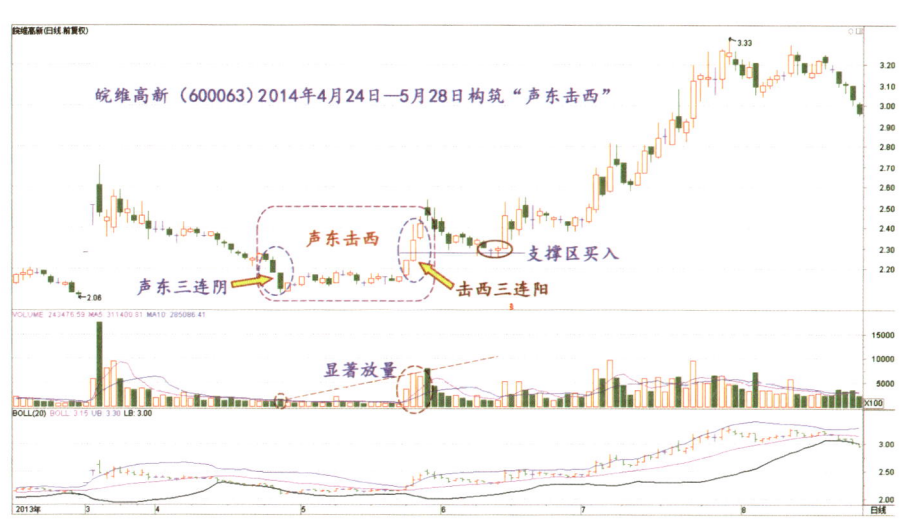

图 1-12

如图 1-12，我们看到皖维高新（600063）出现三连阴走势：三阴线一只比一只长，而且第三只对应的成交量还稍稍放大一些，横盘一段时间后，拉出显著放量的三连阳，完成"击西"动作，加量前后的对称性，宣告"声东击西三连发"底部构建完成，为随后回踩买入，提供了可靠支撑，股价自此步入中长期上涨。

"声东击西"之高峡出平湖

"声东击西"形态的核心就是两支线体前后对应、阴阳互吞以及伴随成交量的显著对比。

实际操作中，还会遇到一种情形，就是在上升趋势中，股价并不经过较长时间回调，而是在较高位置走出带量长阴线（放大 1 倍左右），然后横盘一段时间，再走出带量长阳线（放大 2 倍以上）。这一非典型"声东击西"形态，笔者命名为"高峡出平湖"。这通常是股价短暂休整换手、即将大幅走高的先兆。

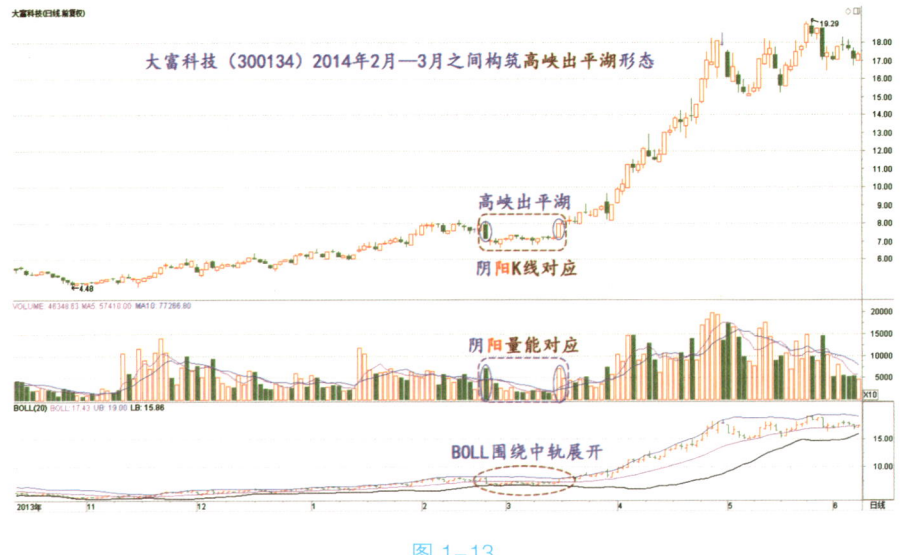

图 1-13

如图 1-13,大富科技,在 2014 年 2 月到 3 月之间走出高峡出平湖形态:长阳吞长阴,阳量对阴量,自此完成多空转换,恢复上涨。但是,阳量柱与前一日成交量对比力度更加明显,显示通过本次转换,多方的攻击力相对加强,后市的上涨格局,验证了高峡出平湖的做多潜力。

两点补充

1. 实盘操作中,在没有走出显著放量长阳线之前,股价波动空间很小,小阴小阳延绵不绝,此间介入获利可能性很小,而且不能确定此走势会完成"声东击西",因此,没有拉出"击西"长阳之前,最好置身局外,不可轻易入场。

2. 目标预测,仅供参考,重要的是,要坚持顺势而为的原则,客观判断股价趋势是否持续,以及何时发生改变。

第二章　掘宝价量坑

> 掘宝价量坑，是上涨趋势恢复初期，即将大幅上涨之前，主力再次洗盘留下的痕迹。据笔者观察，在日线走势中较常出现，在分时走势中也时有发生。
>
> 日线走势中的掘宝价量坑，是主力大幅拉升股价之前洗盘的重要标志。之后，股价经常在短期内快速上攻，涨幅非常可观，加之其可靠程度非常高，因此成为捕捉中短线强势股的重要手段。同时要强调的是，尽管"掘宝价量坑"攻击技术实战效能了得，但是能有效掌控其精髓的投资者，却是凤毛麟角。为此，本章节将重点剖析日线走势中的"掘宝价量坑"，以飨读者。

第一节　形态五特征

实战中，为了有效掘宝，股价形态首先要具备以下特征：

1. 股价刚刚脱离横盘区域，波段涨幅较小（通常不超过30%）。

2. 走出涨幅不小于3%的带量阳K线，然后股价缩量回调（该阳线暂时看作价棒K1，对应的成交量看作量柱L1）。

3. 缩量回调时间较短，通常在6~7个交易日内结束。回调期间K线实体明显缩小，或逐渐缩短，对应的成交量，逐渐萎缩至均量线之下，直至地量状态。

4.之后，拉出涨幅不少于3%的带量阳K线。该阳线称作价棒K2，对应的较大成交量，称作量柱L1。

5.回调期间MACD指标（参数12、26、9），两条曲线均处于0轴之上，其中DEA持续向上，DIF向下，贴近DEA呈黏合状，或DIF小幅下穿DEA，但随即折返向上，显示股价处于涨跌零界状态。

如图1-14，海通证券（600837），在2014年11月12日构筑掘宝价量坑形态之前，股价涨幅较小为27%（不超过30%），到11月21日价柱K2、量柱L2出现，宣告该形态构筑完成，股价步入上涨阶段，应该积极买进。

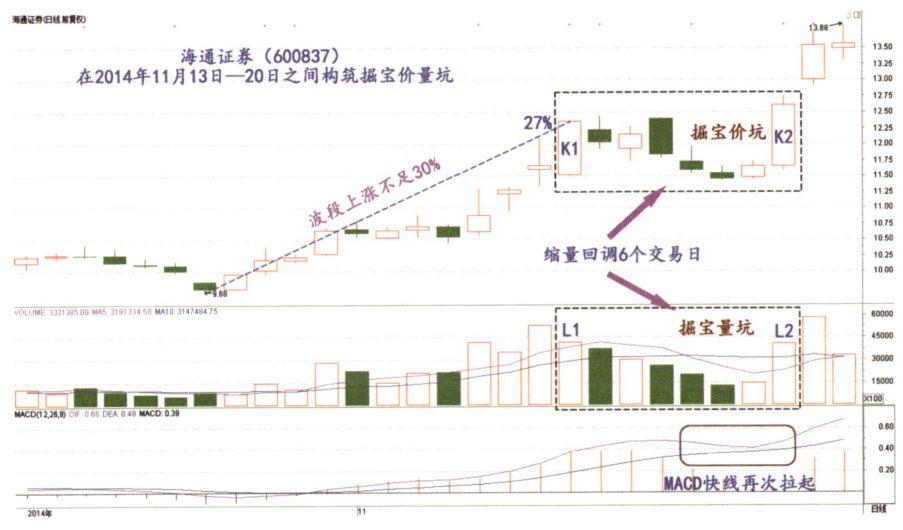

图1-14

具体而言，该股走势具有如下特征：

第一，调整时间，仅为6个交易日；

第二，调整期间，股价单日波动幅度越来越小，成交量逐渐缩回到量均线之下，再次呈现地量水平；

第三，调整期间，股价并没有跌穿调整前的带量长阳线（K1）低点；

第四，对应的MACD指标DEA线持续向上，DIF掉头向DEA靠拢，但是没有下穿DEA。随着长阳线的走出，DIF再次折返向上，显示掘宝价量坑已经构筑完成。

之后，股价步入上涨主升浪。到2015年4月股价已经翻番。

再如图1-15，东风汽车（600006），从2014年7月3日开始构筑"掘宝价量坑"。在这之前股价涨幅仅有5.14%，到2014年7月14日走出价棒K2、量柱L2，宣告形态构筑完成。

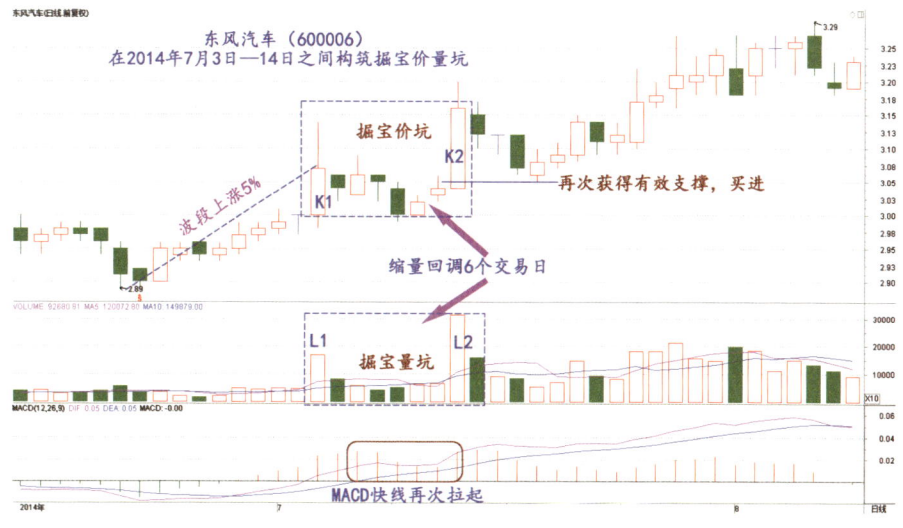

图1-15

图中显示，股价调整时间仅为6个交易日。调整期间，成交量逐渐萎缩，直达地量状态，股价在价棒K1，开盘价位置获得支撑。对应的MACD指标DEA持续向上，与DIF之间的距离一度缩小，但是两线没有死叉，显示股价属于强势调整。随着长阳线K2拉起，DIF再次调头向上，助力股价步入主升浪。

总之，只要找到符合要求的价量坑，就可积极掘宝。那么，为提高掘宝成功概率，实战中还要高度重视哪些因素呢？请看下文。

第二节 寻宝三要点

在股价刚刚脱离底部区域或横盘阶段，开始上涨的初期，主力通常都会对场内浮筹进一步清洗，以进一步提高筹码集中度，减轻上涨过程中的抛售压力。因此，上涨初期，洗盘调整在所难免。但是，对于刚刚经历之前较长时间下跌以及横盘的投资者而言，不论市场因何回调，都如惊弓之鸟，生怕再次被套。所以，一旦下跌，就会在焦虑中抛出自己手中的那点宝贝（筹码）。而这正是主力所期望的。同时，随着洗盘深入，这类筹码明显减少，等到再也"压榨不出油水"的时候，调整也就结束了。为此，投资者要高度重视以下三个要点，方可趁机掘宝，决胜未来。

要点一：价量同步被压缩

此类洗盘，为强势洗盘行为，在对应的价量走势图上总会留下痕迹，股价波动幅度越来越小，成交量明显趋向萎缩，甚至达到极限状态（地量）。市场看似交投再次极度清淡，人气严重萎靡。实际上是主力在彻底清洗浮筹，隐藏着绝好的入场机会。这就是"掘宝价量坑"的市场价值所在。

因此，投资者一定不要因为短线调整而自乱阵脚，而是要趁势把握买进良机。

2014年10月31日，浦发银行（600000）股价突破之后的回落，就很能说明问题。

在图1-16中，价坑（K1、K2组成）、量坑（L1、L2组成）就是在股价突破横盘区域（见直线a）之后出现的。其中股价调整幅度越来越小，在价柱K1处获得支撑开始止跌，对应的成交量，缩至量均线之下，显示

第一部分　顺势伏击篇

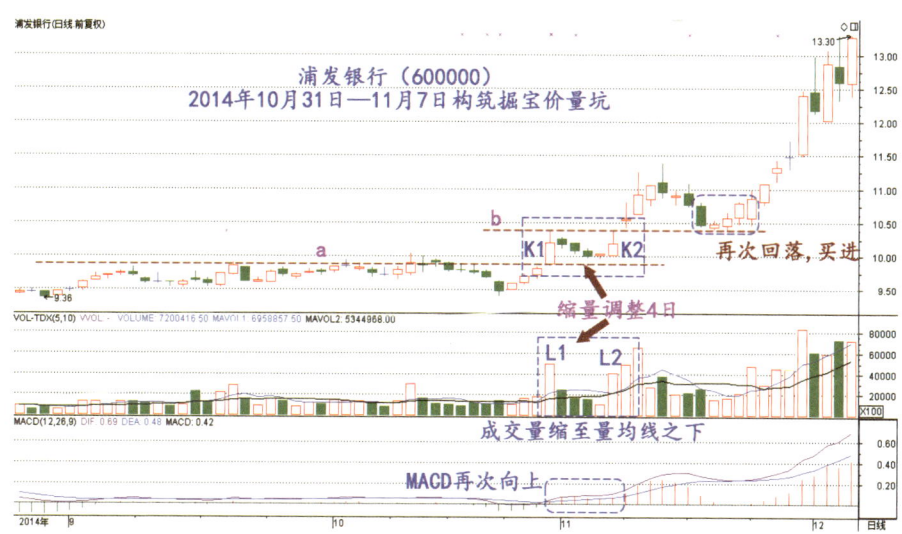

图 1-16

本次洗盘很彻底，那么，随着价棒 K2 的诞生，买点也出现了。随后，就算股价再次回调也没有破坏掘宝价量坑的支撑作用，买点再次出现（见直线 b）。这是主力拉升意图的直观表现。在此期间，不仅不能卖出，还要逢低点积极买进。

要点二：股价在短期内带量必须拉起

需要强调的是，此类洗盘属于短线行为，股价必须要在短期内带量拉起。因此，在周线走势图上，通常看不到洗盘痕迹。也就是说，就主力而言，不会由于短线清洗浮筹，而导致趋势发生较大改变，最终影响整个操盘计划。

比如东风汽车（600006），在图 1-15 日线走势中出现的掘宝价量坑，在其对应的周线走势图上，就找不到了，只有成交量的放大（见图 1-17）。

因此，中线投资者在继续持股的同时，要积极加仓买进，很快就会看到盈利成果。而且适合以持股时间，换取盈利空间。

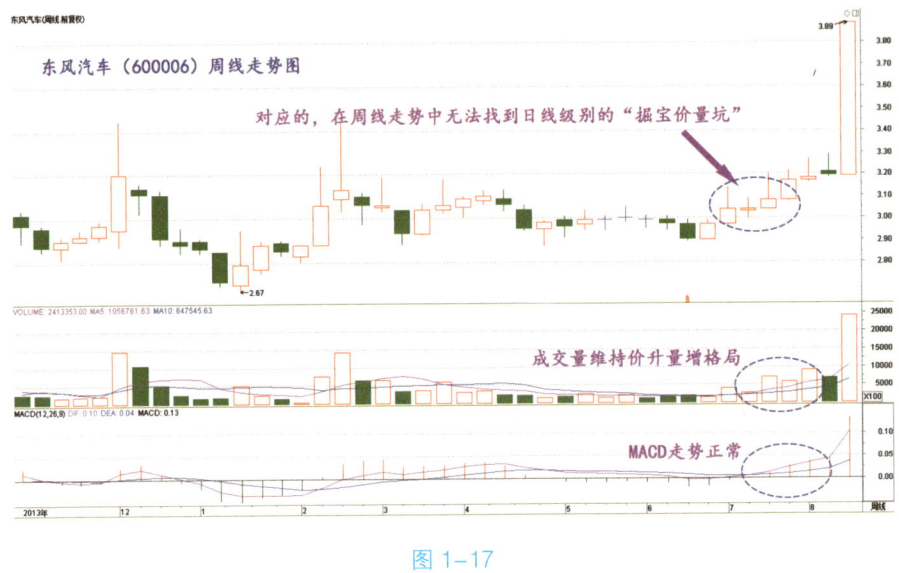

图 1-17

要点三：股价缩量调整的底线是不跌破价棒 K1 实体下沿

股价在此止跌企稳可小仓位（试探性）介入；走出价棒 K2 线及量柱 L2，宣告"掘宝价量坑"形态确立，加码买进。

如图 1-18，中国人寿（601628）日线走势图，2014 年 10 月 31 日走出带量长阳线（1 框中价棒 K1 及对应的 L1），宣告股价即将脱离底部区域，

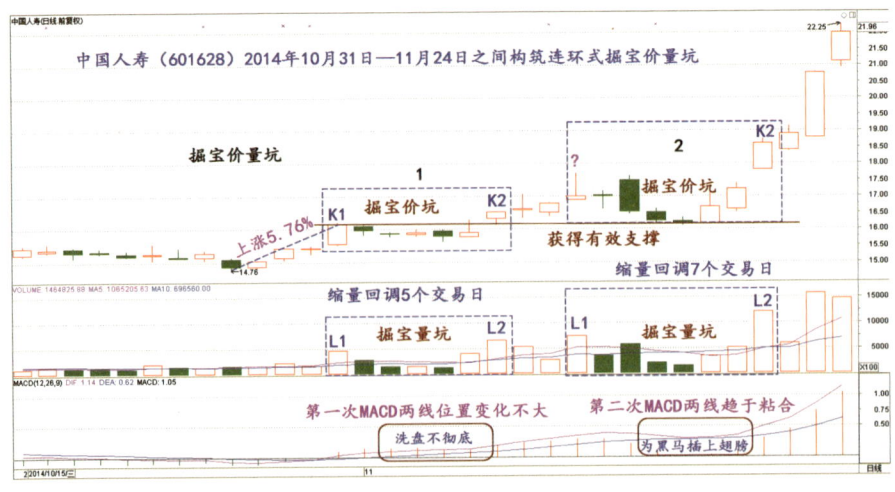

图 1-18

步入上升趋势。

图中显示，该股从 2014 年 10 月 31 日价棒 K1 出现，到 11 月 24 日（2 框中价棒 K2）之间构筑连环式"掘宝价量坑"。期间，成交量两次缩回，呈地量状态（见 1、2 框中量棒 L1、L2），显示主力连续洗盘十分充分，筹码锁定良好，浮筹已经很难再洗出来了，为未来股价大幅拉升做好了准备。

其中，图中 1 处，连续五个交易日，都在价棒 K1 的实体中轴处蛰伏，即可先行部分买进；在该图中 2 处，尽管没有出现新的价棒 K1 线，但是股价回落到 1 框中价棒 K1 高点位置时，阴线实体日趋减小，成交量严重萎缩，又是一个理想的"掘宝坑"。这样的买进机会，不可多得，至 2015 年 4 月，股价已经翻番。

第三节　盘中巧挖宝

实战中，可巧用分时图与主力"抢夺"坑内宝贝。主力在带量长阳线（K1/L1）之后的洗盘吸筹行为，并不是不能发现。以图 1-18 中 1 处框中横盘走势为例，在缩量整理阶段，小阴、小阳线对应的分时走势，留下了主力明显低吸筹码的痕迹。

图 1-19 是中国人寿 2014 年 11 月 4 日对应的分时走势图。图中显示，在分时走势的低洼地带，成交大单屡次出现，主力低吸筹码的意图十分明显。

实战中，主力挖宝时，我们也要挖，我们和主力手拉手，争做好朋友。再看图 1-20。

图 1-20 是 11 月 5 日对应的分时图。图中拐点处的成交大单，为我们留下主力打压之后，又主动买进的信号。

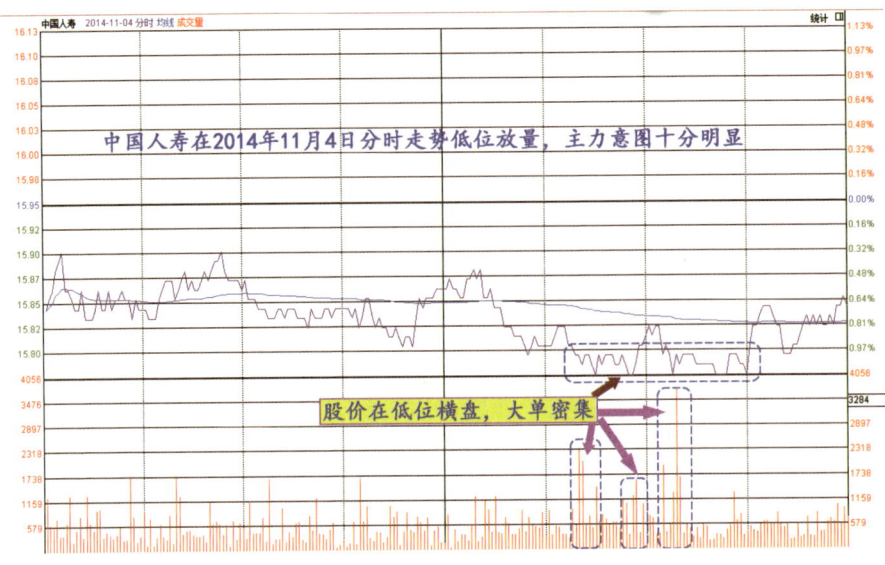

图 1-19

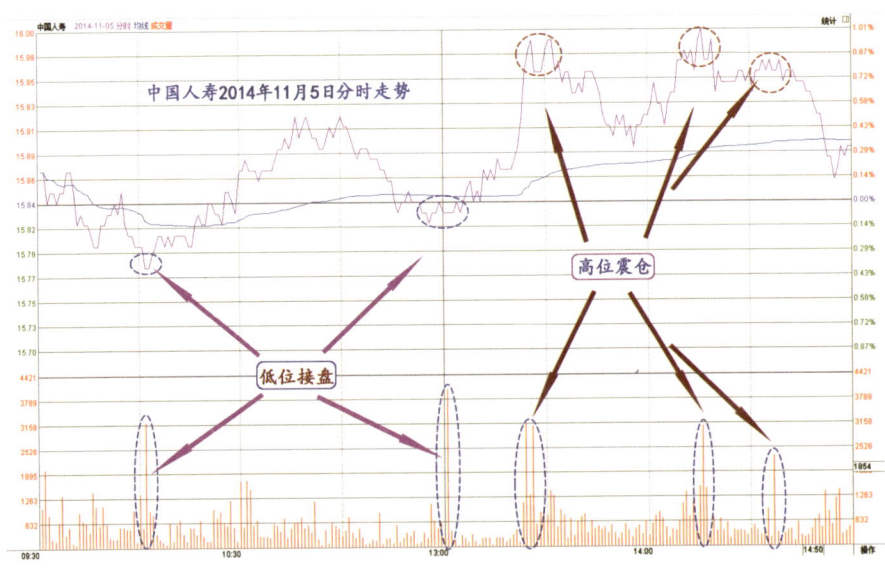

图 1-20

图 1-21是11月6日的分时走势图。在分时低价区域，成交大单依然频繁出现，显示主力仍旧利用盘中低点，耐心吸筹，为未来上涨，积蓄能量。

第一部分 顺势伏击篇

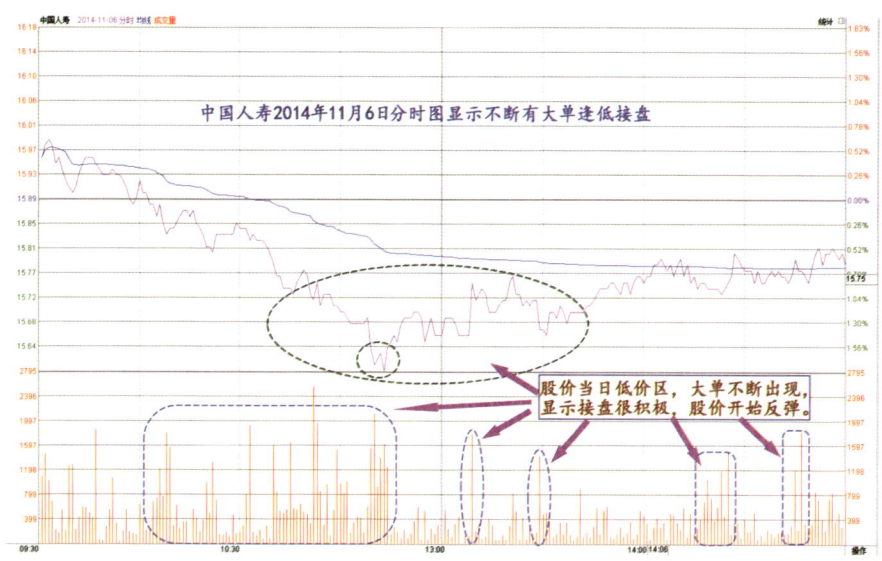

图 1-21

显然，一连三个交易日，主力在明显低吸，为投资者积极买入，发出了明确的信号。此时再不买进，就要失去分享未来利润的机会了。因此，主力在坑内吸筹时，我们也要同步大胆买进，与之"抢夺"坑内的稀有宝贝。

第四节 掘宝双连环

上升途中走出"连环掘宝价量坑"，预示着洗盘整固尚未完全结束。同时，该股志在高远短期内不会轻易逆转向下，因此，可逢低大胆吸纳。既要抓快速上涨，又不放过随后的回落低点。

如图 1-22，深赤湾A（000022）日线走势波段见低点之后，开始上涨，涨幅达到 18% 左右时，遇到压力，走出连环式"掘宝价量坑"形态（2014年 11 月 18 日至 12 月 4 日之间）。两次买进机会，都堪称上佳。

图中显示，价量坑 A（蓝框中）价柱 K1、K2 之间，股价调整时间为

25

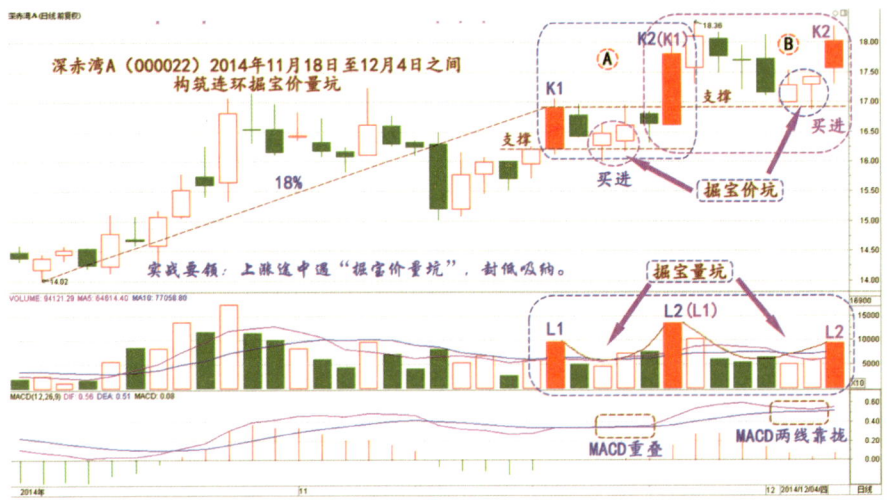

图 1-22

四个交易日。第一次（坑 A 中），股价缩量回落到 K1 阳线实体下沿位置，即止跌企稳，对应的 MACD 指标 DIF、DEA 两线高度黏合，处于洗盘回落的临界状态，为盘中第一买点。

在价量坑 B（粉框）中，股价回调六个交易日，回调期间，MACD 快慢线再次区域吻合，而股价在坑 A 的价棒 K1 收盘位置获得支撑，又是一个难得买点。随后五个交易日，股价最大涨幅达到 50% 以上（见图 1-23）。

从中长期来看，只要股价处于上升趋势，那么就算追高，也不会有太大问题，但是按此技术交易，会免去很多煎熬，对于投资信心和愉快心情的维护，确是十分重要的。

再如图 1-24，华昌达（300278）的日线走势，在 2014 年 5 月 26 日到 6 月 6 日之间，构筑"掘宝价量坑"形态。华昌达（300278），股价从 2013 年 11 月见底 3.49 元后，大幅上涨，到 2015 年 4 月，上涨幅度达到 600% 以上。而上涨初期的"连环掘宝价量坑"，为之立下汗马功劳。

如图 1-24，在 K1、K2 两长阳线之间，股价调整时间为 7 个交易日。股价在 K1 的实体部位获得支撑，"宝贝"出现，2014 年 6 月 5 日收阳当日，

第一部分 顺势伏击篇

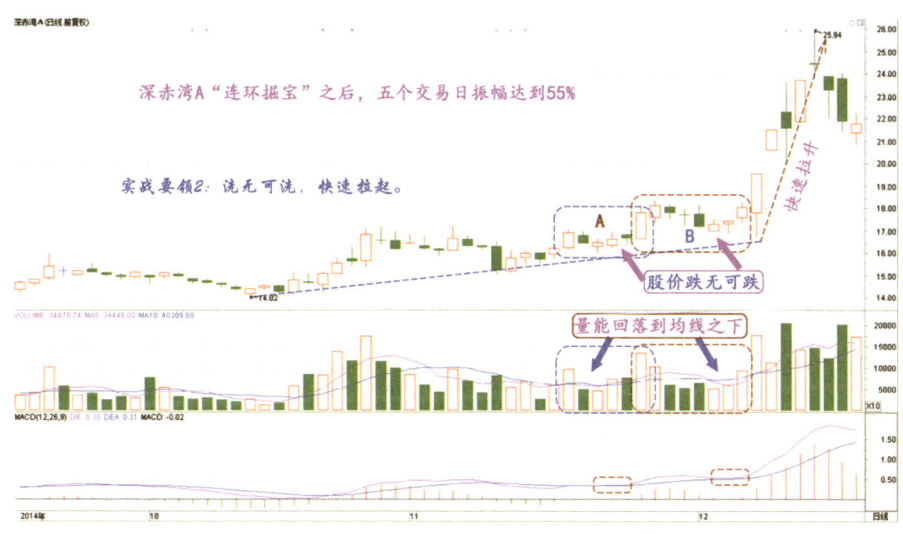

图 1-23

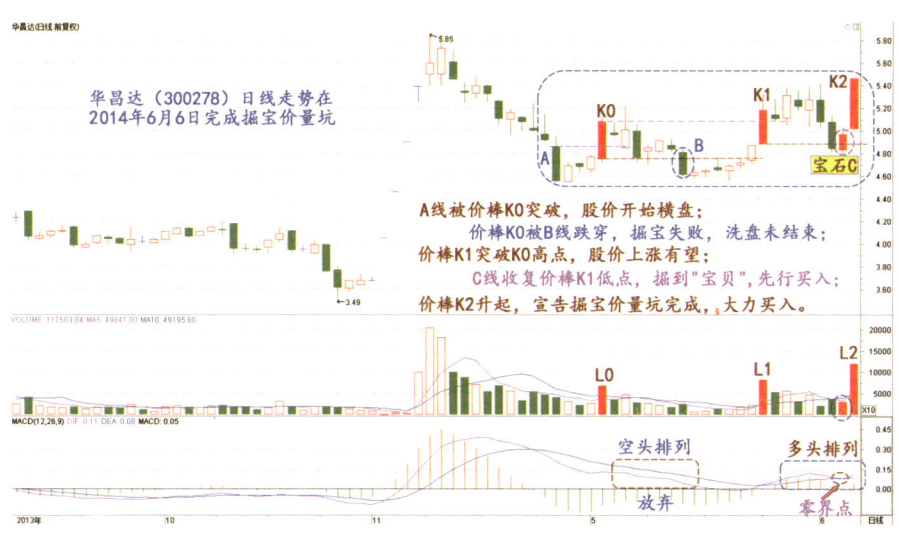

图 1-24

即可先期买进，K2 线当日以及随后，都是绝好的买进时机。6 月 5 日对应分时图，显示坑内"宝贝"价值连城。

如图 1-25，华昌达（300278）2014 年 6 月 5 日对应的分时图显示，

27

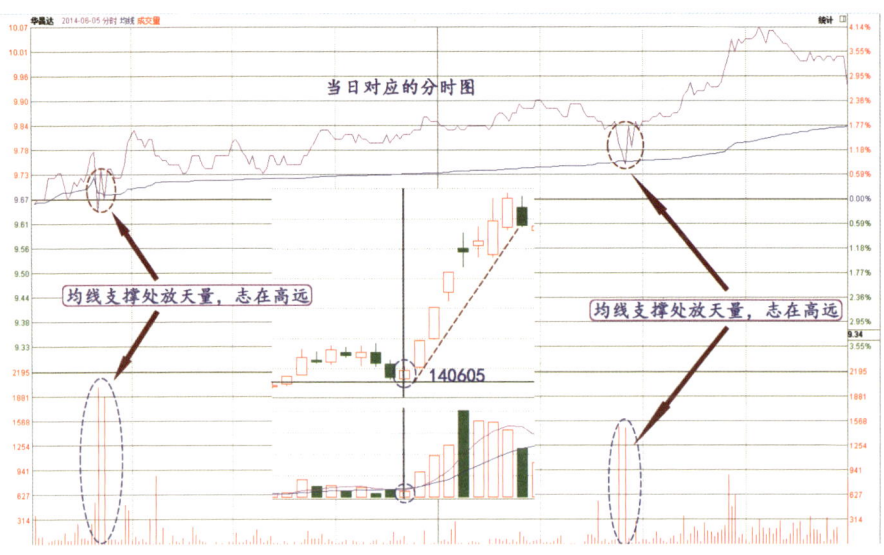

图 1-25

当日分时回落到分时均线处的两个低点区域，均显著出现"双子座"成交大单，这是主力在连续吃进筹码的重要标志。尽管日线整体成交量很小，但是都是主力的"干货"，显示主力志在高远。所以，尽管 K2 线体还没有出现，但是"宝贝"已经暴露，可以大胆"赌石"一回。随后，日线快速上涨，七个交易日上涨 60%，拉开牛股上攻的序幕。

因此，投资者要高度重视并积极发掘"连环型"掘宝价量坑带来的投资机会。尤其是面对未来，很多投资者比较迷茫的时候。因为很多时候，短线调整会酿成中线甚至是长线的下跌。这也是"赢在必涨点"精致化交易技术的价值所在。

第一部分　顺势伏击篇

第三章　黑马神奇一线牵

> 价格移动平均线的八大基本原理，在很多书籍中都有详尽阐述。比如，价格在均线上方运行，那么均线对其具有天然的助涨、支撑作用；股价围绕均线展开波动，并对均线具有回归倾向……那么，哪些周期的均线，才会更加具有支撑性以及助涨效率？价格走势千差万别，涨跌特征形形色色，该如何战略性选择均线周期？在此，建议大家寻找手中标的的专属均线——神奇黑马线。"神奇黑马线分析法"是一种重要的时空互换分析技术，本章节仅就一个方面进行阐述，以实现抛砖引玉。

第一节　制作神奇黑马线

实践证明，在价格趋势发展过程中，经常会有神奇数字1、2、3、5、8……的身影。由于篇幅关系，在此不做具体阐述。而与之互为依附的黄金分割比率0.618以及它的衍生比率0.382，也与价格变动如影随形，同时，0.618的倒数1.618、0.382的倒数2.618，也是如此。

研究发现，在股价上涨趋势形成阶段，一个完整的涨跌循环结构中，上涨、回调的时间比，经常趋近于不同的黄金分割比率。实战中，据此调整股价均线周期，制造"神奇黑马线"，将大大提高捕捉中长线波段买进

区域的成功概率。

具体而言，要设置"神奇黑马线"，首先要测量波段上涨的时间长度，然后根据神奇黄金分割比率1.618、2.618，估算循环结构完成，即回调结束的时间跨度，并据此制作均线，即完成时间和空间转换，得到专属的神奇黑马均线。

制作前提：

股价脱离横盘整理阶段，波段上升趋势明显。

制作步骤：

1. 测量波段上涨的时间跨度；

2. 测算神奇时间数值；

3. 设置神奇黑马线。

（在任意周期走势图中都可以使用。）

买进要点：

股价在"神奇黑马线"止跌筑底，战略性买进，或股价在"神奇黑马线"上下10%的区域止跌企稳，战略性买进。

（如股价跌穿该神奇黑马线，则通常在股价与神奇黑马线的"焦点"位置向下10%的区域探底，一旦筑底成功，即可战略性买进。）

如图1-26，我们先以国农科技（000004）历史走势为例，进行阐述。在2012年12月4日到2013年5月8日期间，股价波段上涨，并创出新高，下跌趋势扭转向上。为了把握随后回调阶段的买点，经过测量，上涨时间为94个交易日。

接下来，估算循环结构完成时间，即波段下跌结束时间：

94 × 1.618=152

据此设置神奇黑马线，就得到图1-27。当股价尚未调整到"神奇黑马线"附近或没有出现明显筑底迹象之前，不可轻言进场。而且，如果已经在高位做多，那么看到价格距离神奇黑马线还有不小空间的情况下，也应

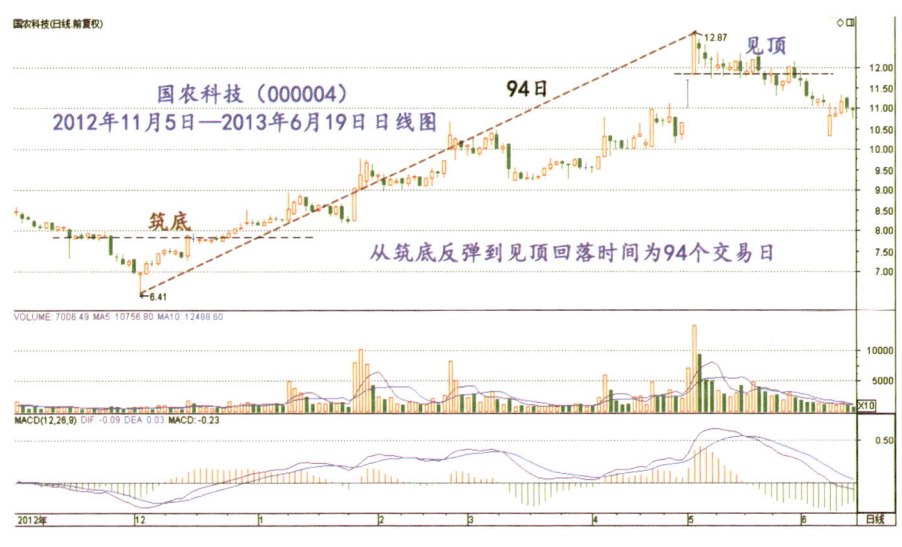

图 1-26

该快刀斩乱麻，止损出局，等到调整到位再低位接盘不迟。

随后，我们看到图 1-27 中，股价继续调整，在神奇黑马线附近止跌，露出构筑底部的迹象。投资者可伺机入场，把握随后的波段上涨行情。

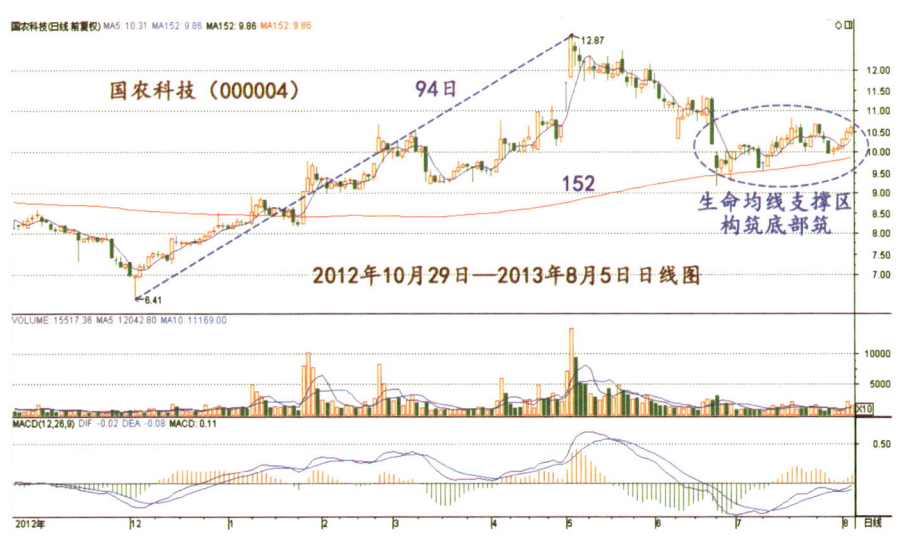

图 1-27

随后的走势，如图 1-28。股价在 152 日均线位置获得支撑，筑底完成之后，即价量齐升步入，上涨趋势当中。

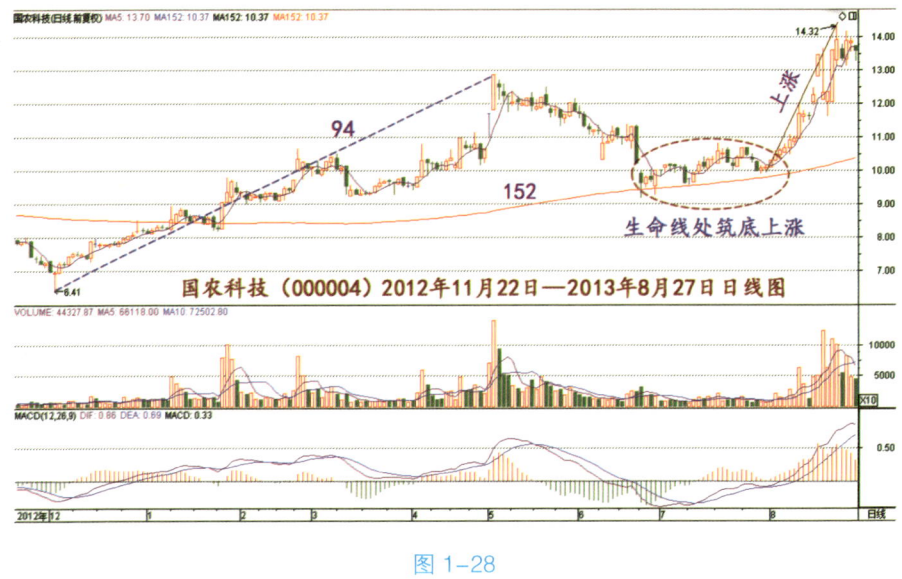

图 1-28

实际走势中，每一个标的的"个性"不同，必然导致走势各异。那么，如何有效提高神奇黑马线的实战效能呢？请看下文。

第二节 "缓涨急跌" 神奇黑马线实战

"急涨缓跌、缓涨急跌"是股市常见的经典运行方式。研究不难发现，急涨之后，经常是缓慢下跌，对应的股价循环结构经常在 2.618 比率附近完成；缓涨之后，经常是快速下跌，股价循环结构，通常在 1.618 比率附近完成。

本节将重点就"缓涨急跌"类走势中的神奇黑马线，进行实战阐述。在缓慢上涨阶段，价格通常呈现波浪式上涨，波段震荡特征明显。这一类标的倾向于回归 1.618 比率的神奇黑马线。为便于初学者实际应用，本节首先按照"缓涨急跌"原则，选择 1.618 作为首选黑马比率，进行实战操演。

案例解析

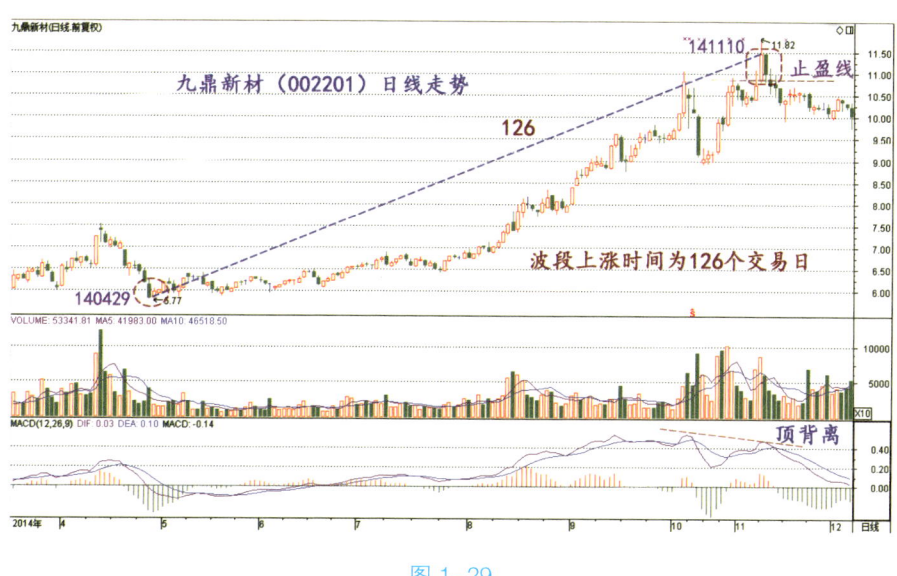

图 1-29

如图 1-29，九鼎新材（002201）日线走势图显示，在 2014 年 5 月到 11 月之间，经过 126 个交易日的缓慢上涨，股价翻倍。这种类型的上涨，首先我们想到的是，缓涨之后，如果回调，可能急跌，也就是下跌时间相对较短。因此，首先按照 1.618 比率，计算神奇黑马线周期。

126 × 1.618=203.868

当然，随后也可以按照 2.618 计算（略）。

按照四舍五入法，约为 204，据此设置神奇黑马均线。

我们看到，股价经过 31 个交易日的单边快速回调，到达 204 均线位置，204 日均线发挥了支撑、助涨作用。股价短暂停留数日，即开始上行，突破盘区，步入上升趋势。可见该股的神奇黑马均线，就是 204 日均线。实

战中，当5日均线在204日均线附近转折向上，股价突破5日均线时，即宣告战略性买进机会出现。（见图1-30）

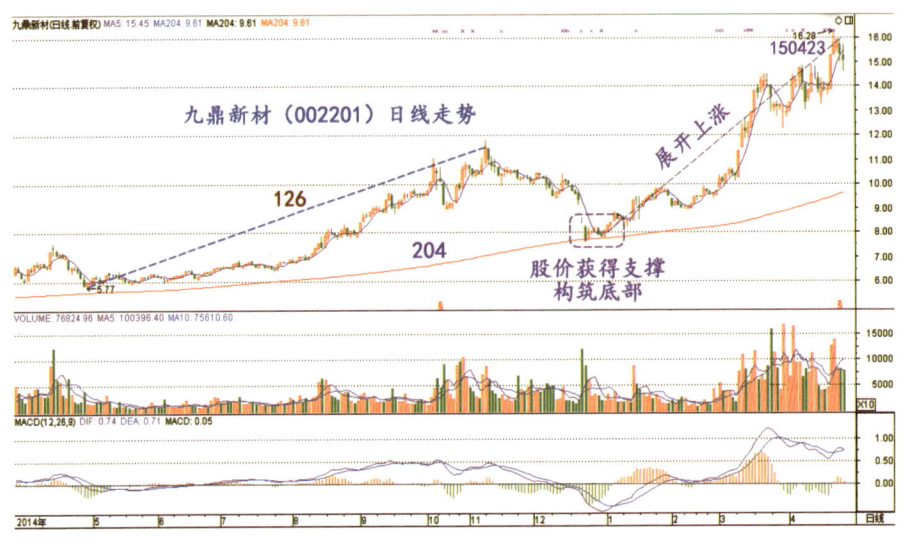

图1-30

第三节 "急涨缓跌"黑马比率实战

上一节介绍了以黄金比率1.618，作为神奇黑马均线制作的首选参考依据。那么，当股价整体呈单边快速上涨时，1.618就显得无能为力了。按照"急涨缓跌"的原则，首先以2.618作为比率，来测算循环结构完成的时间。

在此，为了简单直观，故将"单边上涨"归为"急涨"一类。这一类标的在波段上涨期间，经常出现涨停以及连续上涨，而没有出现大幅度长时间的回调，通常向2.618比率的神奇黑马线靠拢，寻求支撑。

如图1-31，在青岛金王（002094）日线走势图中，看到股价快速上涨，最大涨幅达到94%，已经快翻番了，但是仅用了33天，是一种典型的急涨态势。随后的下跌不可避免。因为盈利筹码需要慢慢消化,因此,缓跌的可能性非常大。为此,首先选择2.618,作为制作神奇黑马线的黄金分割比率:

33×2.618=86.394

以86为周期,制作神奇黑马线。

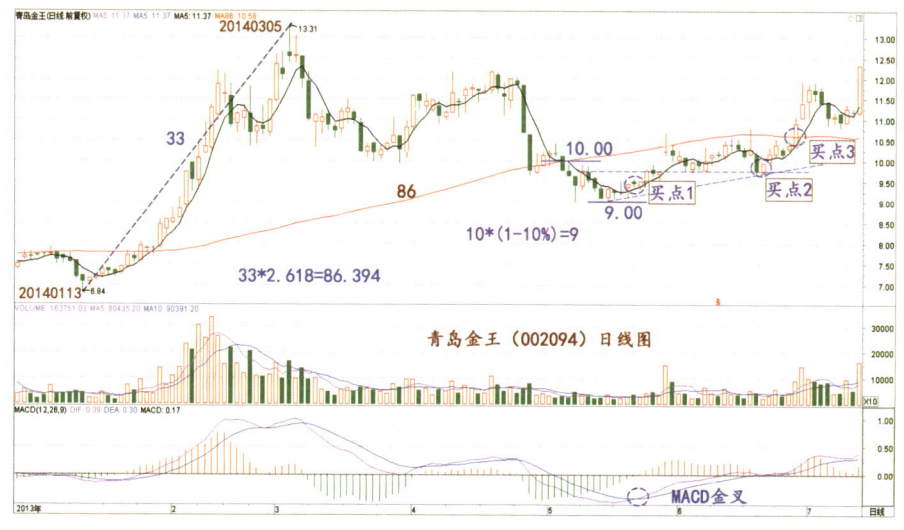

图1-31

据此设计神奇黑马均线,通过图1-31看到,股价向下击穿了该均线,当5日均线跌穿该均线时,根据两均线焦点价位下浮动10%的原则,测出下浮目标位为9元。实际上,股价最低下探9元后,开始筑底。随后出现三个有效买点,可据此积极建仓(其一,MACD金叉买进;其二,股价二次回踩支撑位收阳买进;其三,股价突破神奇黑马均线加仓)。

同样,国星光电(002449)日线走势,也是比较典型的案例。如图1-32,国星光电日线走势图显示,股价从2013年11月5日开始匀速上涨,之后加速上涨。整体呈现单边上升态势,时间为64个交易日。在此,首先选择2.618作为神奇黑马线的计算参数。

64×2.618=167.552

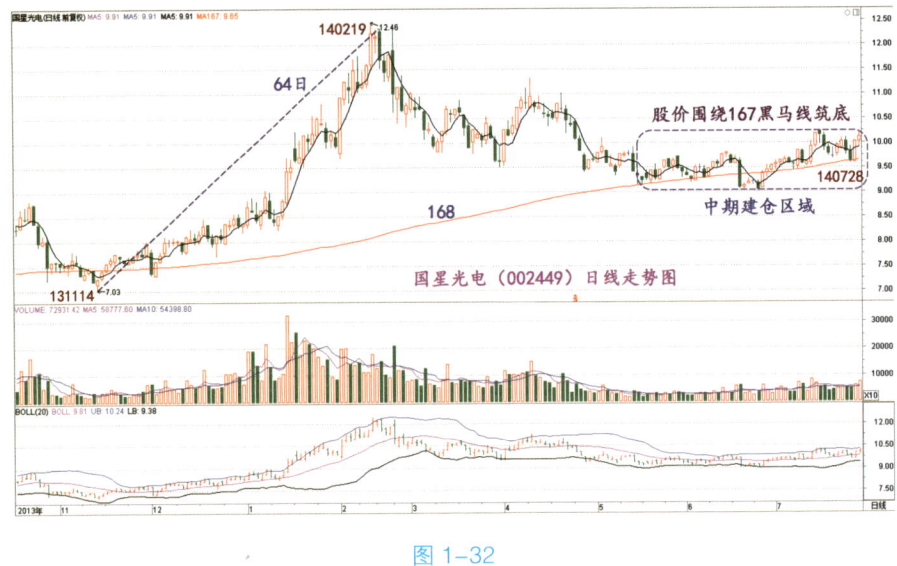

图 1-32

以168为参数制作神奇黑马线。随后,股价在神奇黑马线位置触底横盘,显示获得有效支撑,自2014年7月28日起展开上涨。

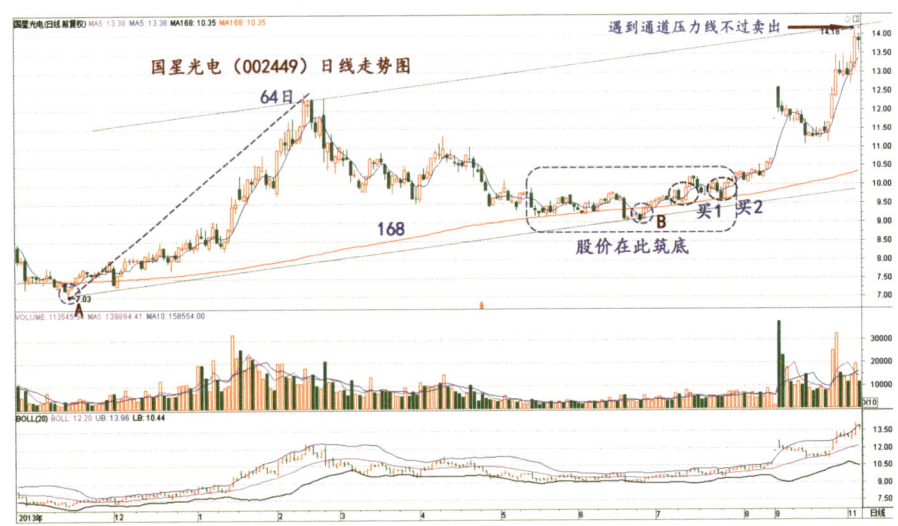

图 1-33

图 1-33 显示，股价在神奇黑马线 168 日均线处构筑底部，然后展开上涨。在上涨之前，两次回撤，为投资者提供了建仓机会。随后，波段上涨幅度达到 50% 以上。当股价遇到通道上轨不能有效突破时，波段交易者即可逢高卖出。

如图 1-34，科力远（600478）日线图显示，股价单边上涨 82 个交易日。回调初期，首先通过 2.618 测得循环结构，运行时间 215 天，据此制作神奇黑马线。随后的深幅调整在此结束，构筑 W 底，从 2015 年 2 月开始，提供了三处较好的入场机会。

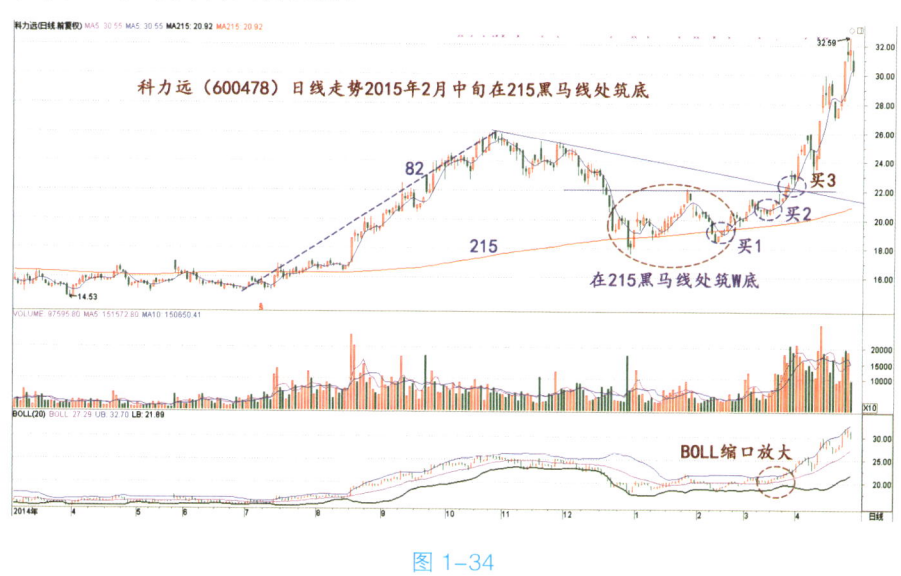

图 1-34

如图 1-35，青岛金王（002094）日线走势，在 2014 年 5 月到 8 月之间波段上涨 56 个交易日，之后缓慢下跌。首先按照"急涨缓跌"思路进行神奇黑马线制作——

56 × 2.618=146.608

据此设计神奇黑马均线。如果股价不能在黑马均线位置获得支撑，那么当 5 日均线跌穿该均线时，根据两线焦点价位下浮动 10% 的原则，测出下浮目标位为 11.33 元。当股价向上突破 11.33 元时，圆弧底构筑完成，

图 1-35

第一买点出现；股价回踩前期高点获得支撑，为第二买点；站上神奇黑马线，第三买点出现。

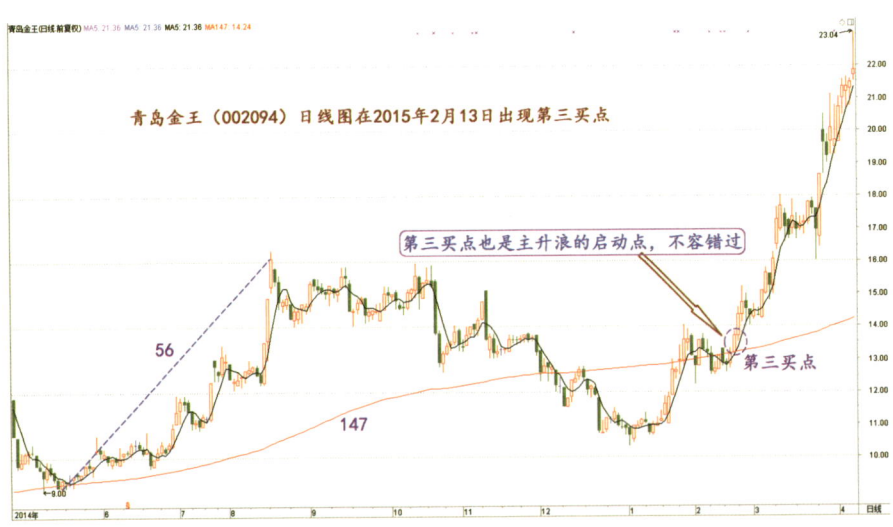

图 1-36

如图 1-36 所示，青岛金王日线向上突破神奇黑马线 147 日均线，再次回落验证支撑有效，即第三买点出现。随后股价迎来主升浪，这样的机会，投资者一定不能错过。

注意事项：尽管不同股票的价格走势，特征不尽相同，但是股价先前在哪一黄金分割比率的神奇黑马线处获得支撑，那么随后也倾向于在这一比率的均线附近止跌企稳，这就是所谓的神奇比率记忆性。

第四节　捕捉分时黑马

神奇黑马线，在分时实战中同样具有效率。只不过，就 10 分钟走势而言，股价距离神奇黑马线的空间为上下 5% 左右。即如果股价没有到达神奇黑马线，则在距离神奇黑马线 5% 左右的上方区域筑底；如果跌穿神奇黑马线，通常会在距离其 5% 左右的下方区域开始筑底。

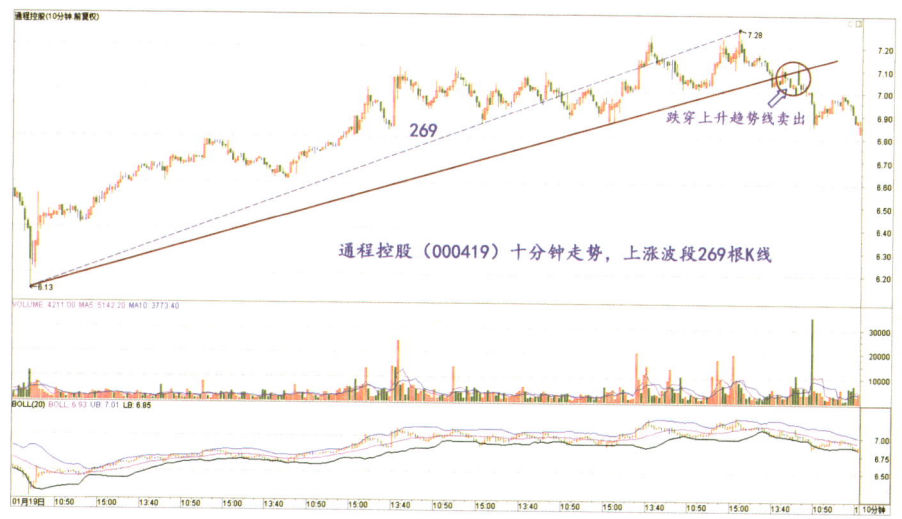

图 1-37

如图 1-37，通程控股（000419）10 分钟走势图显示，从 2015 年 1 月 19 日开始，到 2 月 4 日之间，股价上涨 269 根 K 线。之后，股价跌穿上升趋势线，投资者在卖出的同时，要为下一步回落买进做准备。

首先按照 1.618 比率计算神奇黑马线参数：269×1.618=435.242

以 435 为参数制作该股分时神奇黑马线。

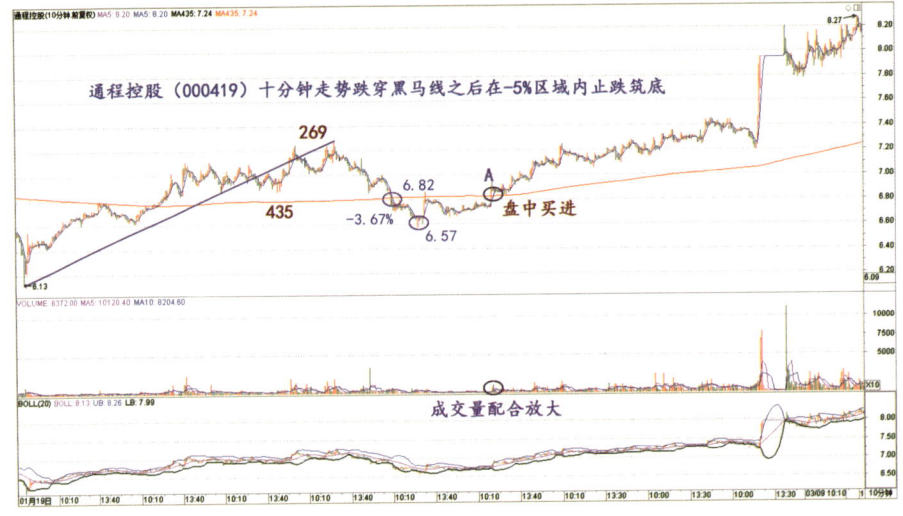

图 1-38

如图 1-38，股价向下击穿 435 神奇黑马线，通过测量股价与 435 均线焦点价位 6.82，按照 5% 的震荡幅度，股价通常将在 6.48 元上止跌。实际上，股价触底 6.57 元即反身向上。并在 A 处最终带量突破 435 神奇黑马线，盘中买点出现。随后进入获利上行区间。

在此要注意的是，当分时走势向下击穿神奇黑马线后，确定性底部买点，通常出现在股价突破神奇黑马线时。

图 1-39 是图 1-38 的局部放大图。图中显示通程控股分时走势，带量突破 435 神奇黑马线，投资者即可在支撑区域大胆买进，显然，这是判断市场筑底上涨的重要标志。

总之，市场结构运行周期，并不是一成不变的。但是涨跌互现、时空

第一部分　顺势伏击篇

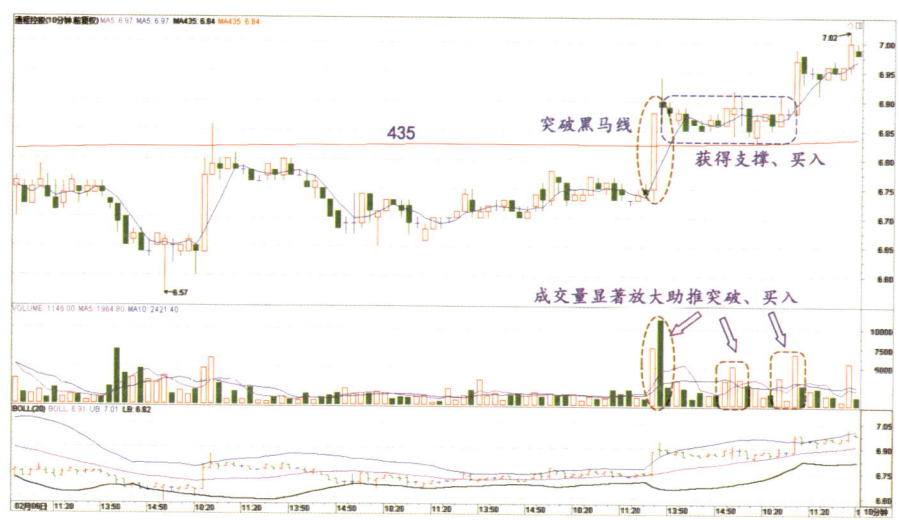

图 1-39

互换时刻都在进行。作为局外之人，并不能抓住每一个细节。因此，通过模糊估算以及转换处理，不失为提高实战胜率的一个重要的变通技巧。如果有机会，我们可以通过其他视角，更加深入地探讨时空转换在实战中的巨大作用。

第二部分　强势追涨篇

强势追涨，是顺势而为实战精髓的重要体现。就是在上升趋势确立的前提下，积极把握主升浪，实现利润最大化。

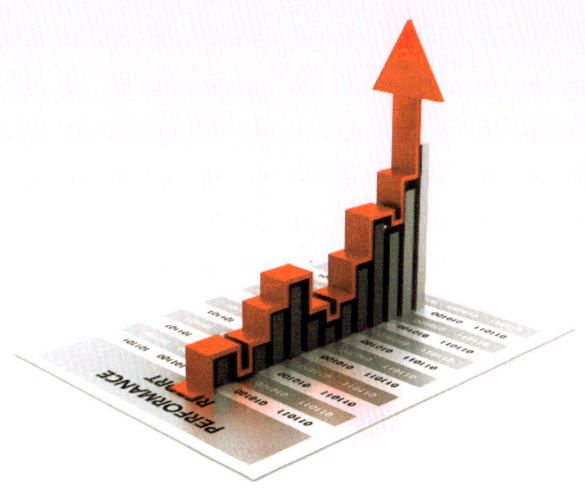

第二部分　强势追涨篇

第四章　突出重围

> 在经历中长期下跌之后，上升趋势尚未恢复阶段，或中长期上涨过程中的休整阶段，市场经常在一定的空间内反复震荡，实现筹码充分置换，为未来上涨积蓄能量，然后完成筑底，创出新高。面对如此走势，很多投资者极不适应，很可能在犹犹豫豫中错失入场时机，被动抬高交易成本。为此，"突出重围"攻击模式，成为把握确定性上涨的又一重要手段。

第一节　突出重围模式解析

市场完成"突出重围"形态之前，股价横盘整理时间较长，通常在4周以上，有的甚至长达半年之久。在此期间，尽管上涨经常发生，但是很难突破横盘整理区域；偶然放量试顶，但不持续，而且带量K线通常是一支孤线（可阴可阳），随后即被向下击穿。但是行情整体上并不会大幅下跌或创出新低，而是维持横向整理。

随着横盘整理时间的推移，价格震荡幅度大幅减小，对应的成交量逐渐萎缩至地量状态。同时价格无力创新低，进入异动之前的"静默期"。然后，交投开始逐渐活跃，成交量逐渐放大，但是股价依然很平静，不创新高，即进入"暗流涌动"期。最终，一只长阳线（经常是涨停板阳线），

伴随巨大成交量，一举向上突破盘区，宣告"突出重围"。上涨空间打开，股价进入"暴涨期"。形态特征总结如下：

形态三特征

1. 上涨不创新高，或刚一突破，随即收回，维持低位横盘整理；下跌不创新低。

2. 上涨放量通常为脉冲式（不持续），形成孤量态势；下跌持续缩量，但地量不见地价。

3. 期间出现3个左右的价格高低点，构成波动区域。

实际操作三要领

1. 预热阶段：突围之前，交投趋于活跃，成交量开始放大，指标已经进入上攻零界状态（5、20、60日均线三线趋于集结，MACD在0轴之上趋于黏合，助涨作用明显），但股价依旧蛰伏在前期高点之下。此阶段又称为"暗流涌动"阶段。

操作要领：提高关注度，或先行试探性介入。

2. 突破阶段：突围阳线涨幅大于3%，常以涨停板报收；成交量开始显著放大，且呈现价量齐升格局。

操作要领：果断加仓买进。

3. 检验阶段：突破次日，突围长阳开始发挥核心支撑作用。不跌破该线体开盘价，即宣告突围成功，上行空间打开。

操作要领：持股待涨，直到上升趋势结束。

如图2-1，唐山港（601000）在中长期趋势上涨过程中，股价进入阶段性横盘整理阶段。从A处见顶回落，到走出突围长阳线为止，股价横盘整理时间达到47个交易日。在2014年11月17日，成交量显著放大，股价涨停，一举向上突破横盘整理区域，上升趋势恢复，买进正当时。

第二部分　强势追涨篇

表现特征：孤量阳线不创新高，反而缩量回落；缩量调整，不创波段新低，显示做空无力，洗盘彻底；在突围长阳线出现之前，股价不创新高，而量能明显区别于之前的状态，开始逐渐放大，显示主力正在厉兵秣马，暗流已经涌动，MACD指标处于零界状态，因此可积极布局。

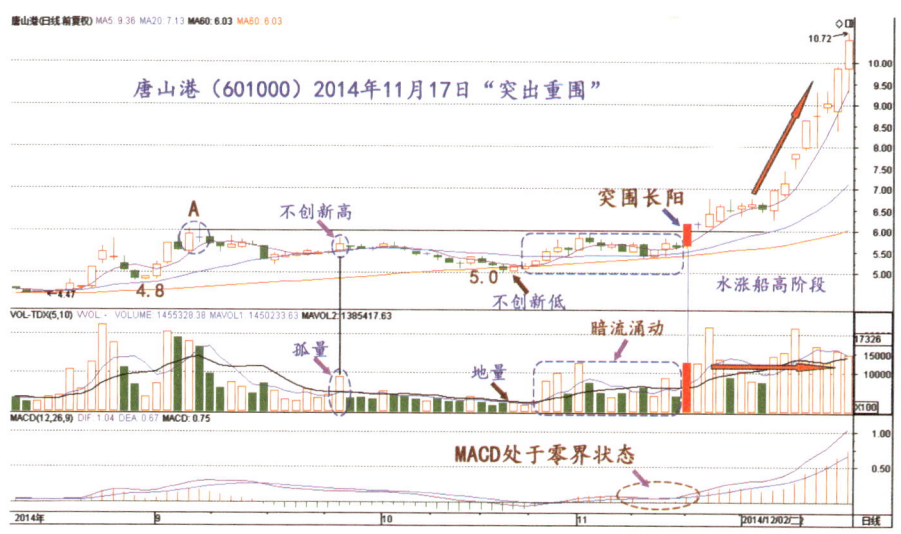

图 2-1

然后就是一只长阳开始突出重围，股价走出盘区，从此价升量增、水涨船高。因此，在突围阶段，要大胆加仓跟进，随后的上涨顺理成章。股价趋势尚未有效转折向下时，坚决不出手。

第二节　底部突围三要点

底部"突出重围"形态，一举将跌势扭转，但是，突围阶段，如果不能把握有利时机，也很难提升盈利概率。为此，要注意以下三个要点。

要点一：股价经过较长时间下跌后，走出"突出重围"形态之前，低位横盘整理时间通常会较长。因此，不到"暗流涌动"，不盲动，不见带量突围长阳线，不加仓。

如图 2-2，中金岭南日线图显示，从 2014 年 1 月 10 日股价触底回升，到 2014 年 6 月 23 日涨停板巨量长阳线的"突出重围"，历时 108 天。期间出现三个高点，四个低点，投资者一旦过早买进，则苦不堪言。

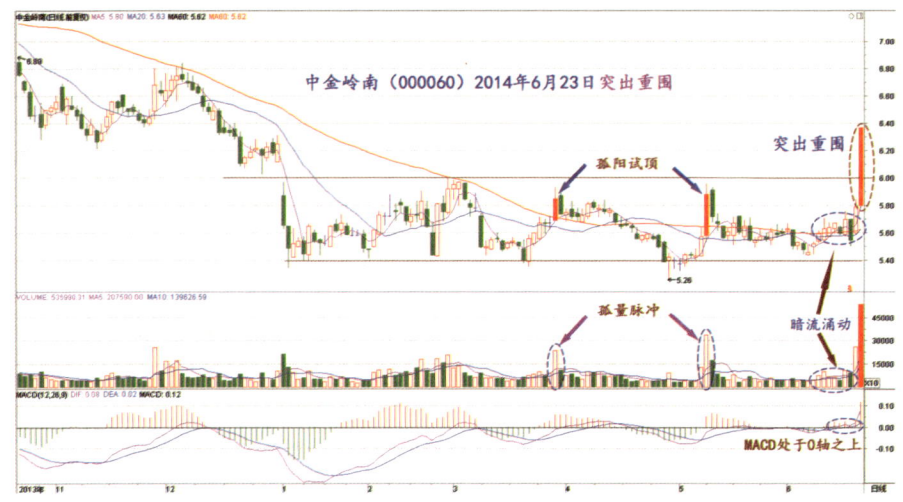

图 2-2

随着横盘时间拉长，股价波动幅度日趋减小，成交趋于地量，人气空前清淡，并一直持续了 28 个交易日，直到一只带巨量涨停板长阳向上突破盘区，才宣告突出重围上涨开始。对于投资者而言，看好一只股票之后，就耐心等待股价自身完成所有的阶段和动作，然后在拉升开始前重点关注，一旦突围，则果断介入。切不可因为草草先期介入而最终被市场淘汰。

要点二：突出重围之后，股价将开始中长期上涨。投资者在把握波段利润的前提下，不要放过每一次回调买进机会。

如图 2-3，中金岭南突出重围之后，首先是一波快速波段上涨，然后展开整固性回调。再后来，则进入更大规模的逐级上涨阶段。实战中，首

第二部分 强势追涨篇

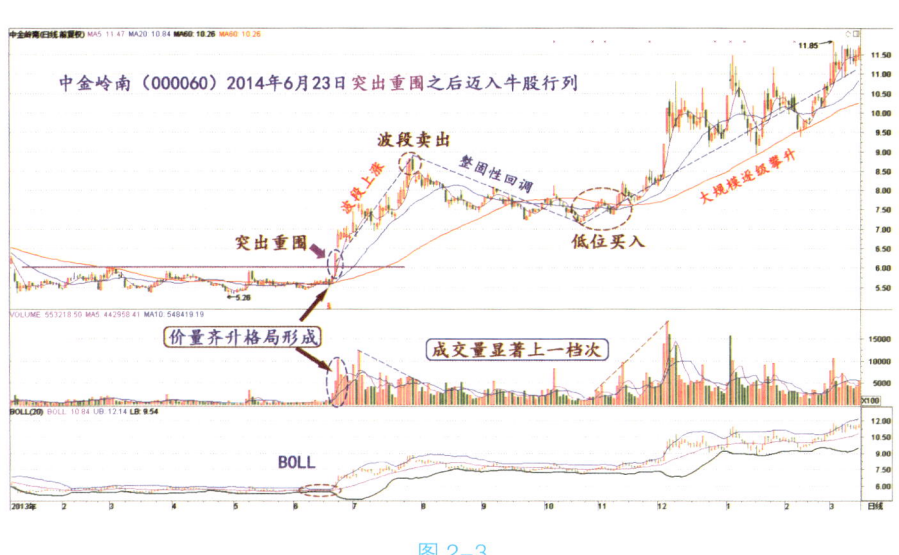

图 2-3

先把握波段高点，实现卖出，然后等待股价回落筑底，再伺机买进。

要点三：突围成功与否的关键性标志，就是突围长阳线能否对后市产生确定性支撑作用。突围后，如果股价没有继续创出新高，而是在短时间内跌穿突围长阳线的实体下沿（开盘价），则宣告突围失败，股价将再次回到漫漫的寻底过程中，要果断止损离场。

如图 2-4，浙富控股（002266），2014 年 12 月 31 日以涨停长阳形式突出重围。其中，突破阶段成交量显著放大，作为股价由筑底过渡到上涨的重要标志。我们看到股价随后尽管展开宽幅震荡，但都没有跌穿突围阳线的支撑位置，证明该阳线具有擎天一柱的支撑功能。从此该股迈入牛股行列。

图 2-5 为浙富股份（002266）局部放大图。股价在"突出重围"之后，见波段高点 9.66 元，然后开始回调，可结合分时图逢高卖出。当回落到突围长阳线实体附近获得支撑、转折向上时，再积极买进，就将该牛股稳稳揣在自己的手里了。到 2015 年 4 月中旬股价已经翻倍。

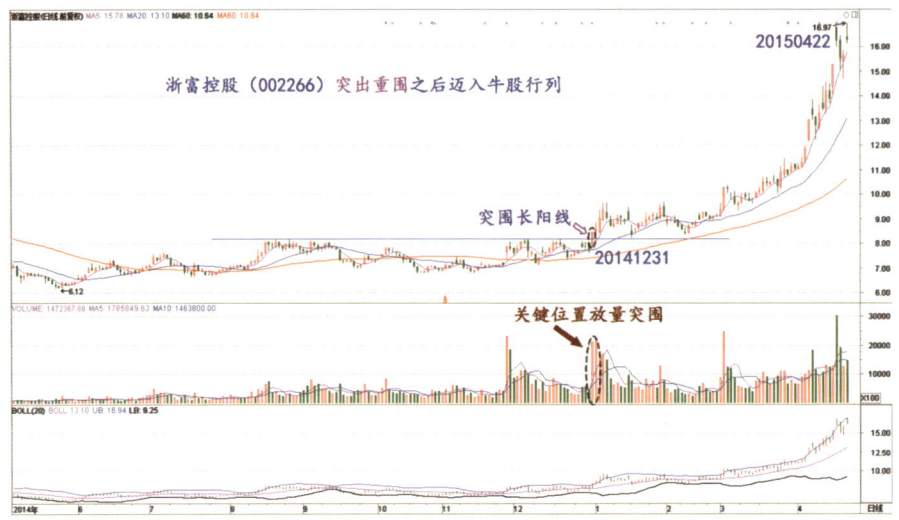

图 2-4

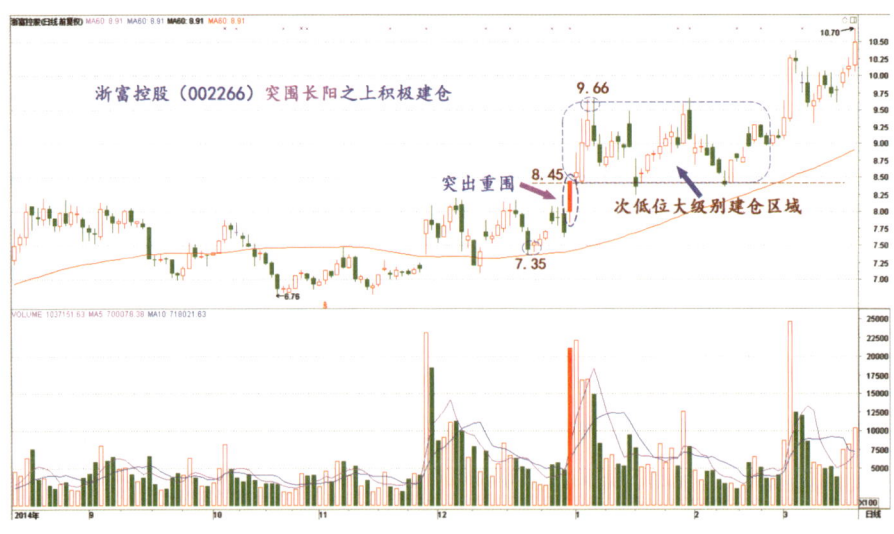

图 2-5

总之，牛股上涨尽管涨幅可观，但是时间漫长，适时将纸上富贵变现，才能更加坚定持股信心。为此，实战中可以在突出重围之后选择波段高点卖出，然后在突围长阳线实体之上，完成更大级别的"次低位建仓"。

但是，上升趋势中，突出重围之后，该如何面对呢？请看下文。

第二部分 强势追涨篇

第三节 平台起高楼
——中继性突出重围实战应用

上升趋势中，股价横盘震荡调整期间走出"突出重围"形态后，有别于"筑底性突出重围"，并不存在"次低位建仓区"，而且短期内很少出现大幅度震荡回落，而是直接上涨，这就是所谓的"中继性突出重围"。突围长阳当日以及次日可积极介入，别奢望马上出现较大幅度回调。

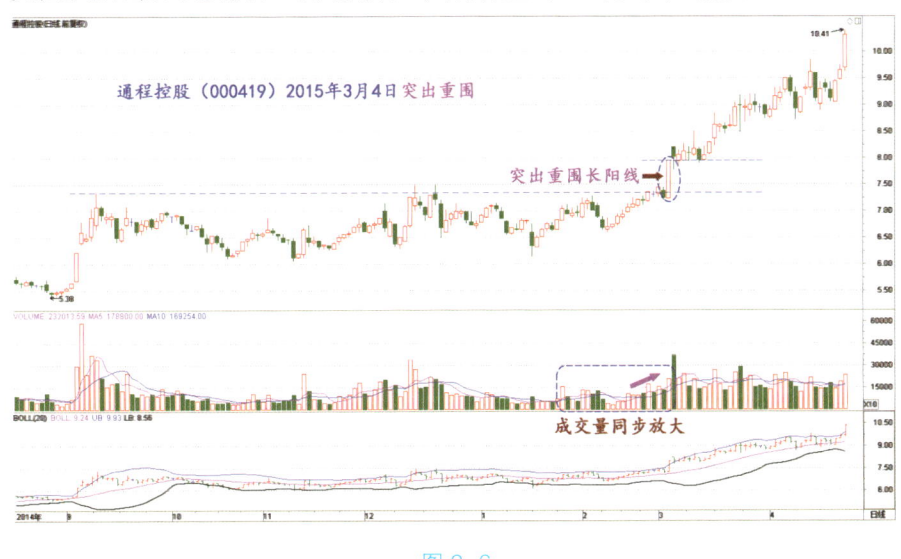

图 2-6

如图2-6，通程控股（000419），在2015年3月4日走出突围涨停长阳线，一跃而上突破2014年9月以来的横盘区域，期间价量齐升特征比较明显。之后，股价只是在突围长阳的收盘价部位短暂停留一周左右，即步入慢慢涨升途中。这一种突出重围形态，就是典型的长期上升趋势条件下，中继性横盘整理之后的突围。从此股价上升趋势再次恢复，投资者应该在突围当日以及随后几日，大胆介入。尽管股价上涨不是很快，但是假以时日，收益自会可观。

另外，如果突围之前，暗流涌动比较明显，那么突围之后的上涨动力，就相对较为充足，上涨较快。图2-6通程控股的突围长阳之前，成交量并没有显著放大，暗流涌动并不剧烈，导致突围之后的上涨动力不是很强劲，但是下面的案例则不同。

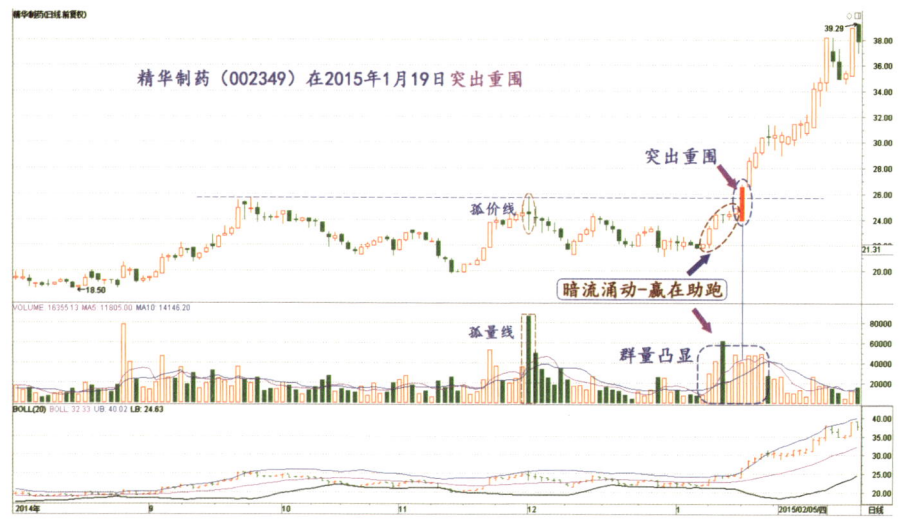

图2-7

通过图2-7看到，股价在2015年1月19日突出重围之前，有一个很显著的助跑阶段，也就是我们很在意的暗流涌动期。在此期间，股价尽管不创新高，但是成交量却突然拔地而起，而不是逐级放大，这为突出重围之后的上攻奠定了坚实的基础。股价随后的快速上涨，验证了该助跑的有效性。实战中，投资者要多加关注"暗流涌动"阶段的市场特征，做到有的放矢。

第四节 连环突围实战

实战中发现,有时候突出重围并不是一只涨停板长阳线完成的,而是通过两只或三只K线甚至多只K线"连突"的形式完成,这是一种相对温和、比较稳定的突围特征,实战中要活学活用。其中,判断突围有效性最主要的有两点:第一,连环突围阶段必须连续放量;第二,突围之后,回踩连环突围阳线组合,以验证支撑的有效性。

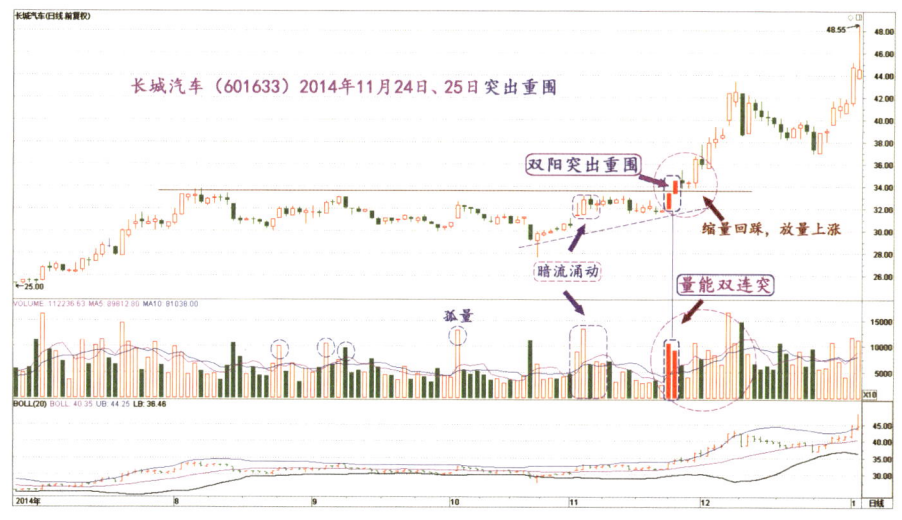

图 2-8

如图2-8,长城汽车(601633),在2014年11月24日、25日走出双线联合突围形态,恢复上升趋势。两只阳线的涨幅分别是4.84%、3.42%,看起来不是很大,但是联合起来之后,伴随着显著放大的成交量一举完成突出重围。随后两日,在突围阳线之上缩量整固,然后快速脱离横盘区域,奔向牛股征程。实战中,投资者需要的是耐心等待和迅速动手,赶在大幅上涨之前完成建仓。

有时候，突围的阳线并不是两只，还有可能是多只。下面的案例，就是五只阳线连续上涨，完成连环式突出重围。

如图2-9，东华能源在2014年11月底恢复上涨趋势之前，经过了较长时间的中继性横盘整理。在24日—27日之间，走出价量齐升五连阳突围形态。

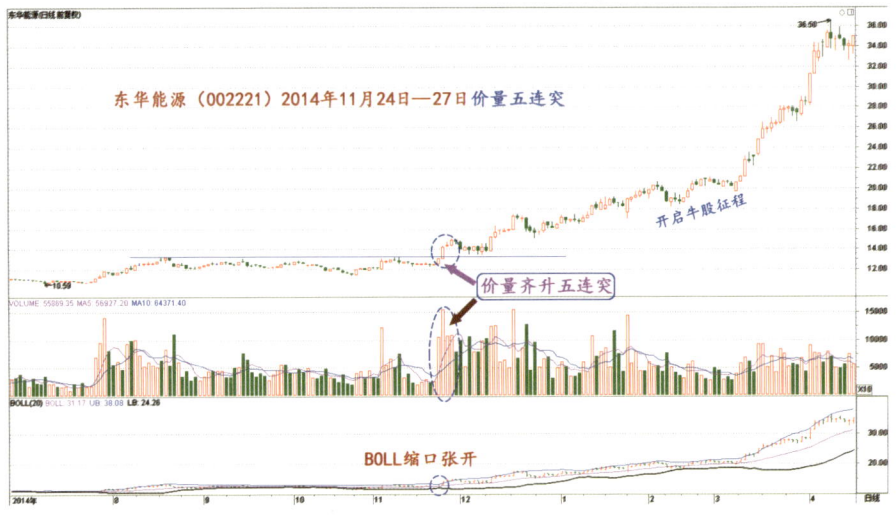

图2-9

图中显示，突出重围之后，股价一连八天横盘整固，没有跌穿五连阳中最大阳线的开盘价，应该积极开仓。当放量脱离盘区宣告升势恢复时，就是大举加仓的时候了。

总之，在实战中，我们要把握本模式的关键要领，于纷繁芜杂中，积极寻找可乘之机，踏准启动节拍与牛股共成长。

第五章　平地起惊雷

——把握盈利大波段

> 上涨趋势中，暂时性休整阶段，走出"平地起惊雷"形态，预示股价即将爆发式上涨，因此，同样具有重要的实战价值。

第一节　平地起惊雷模式解析

形态描述

在股价休整期间，价量被充分"压缩"，呈现水平蠕动状，股价波动幅度日益减小，交易异常清淡，地量特征明显。直到"平地起惊雷"，带巨量长阳拔地而起，宣告整理结束，上涨空间打开，为果断买进提供价量支持。

实战价值

1. 捕捉波段上涨行情的启动点及中继性加仓机会。

2. 把握随后中期回落期间战略性买进机会。

与"分时平地起惊雷"不同的是，日线"平地起惊雷"，经常用来捕捉上涨途中次级横盘结束时的行情启动点，而前者则经常用来把握日内短线涨停时机（请看后文）。

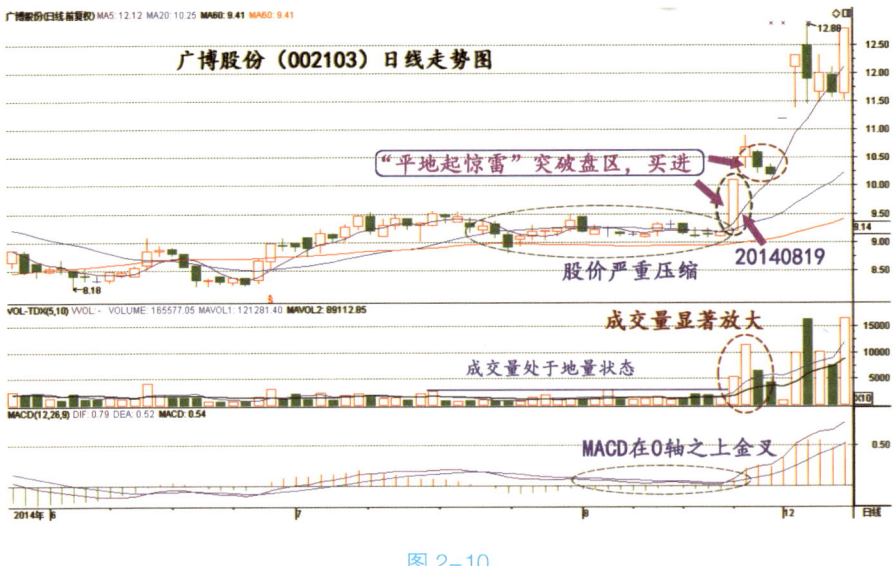

图 2-10

如图 2-10，进入 2014 年 8 月，广博股份日线走势，开始缩量横盘整理，波动幅度越来越小，5 日、20 日均线几乎合二为一，在 60 日均线上方围着股价横向缠绕；MACD 处于 0 轴之上，显示为强势整理格局。随后，在 8 月 19 日，一只带巨量长阳线创出新高。MACD 金叉向上，股价打开上行

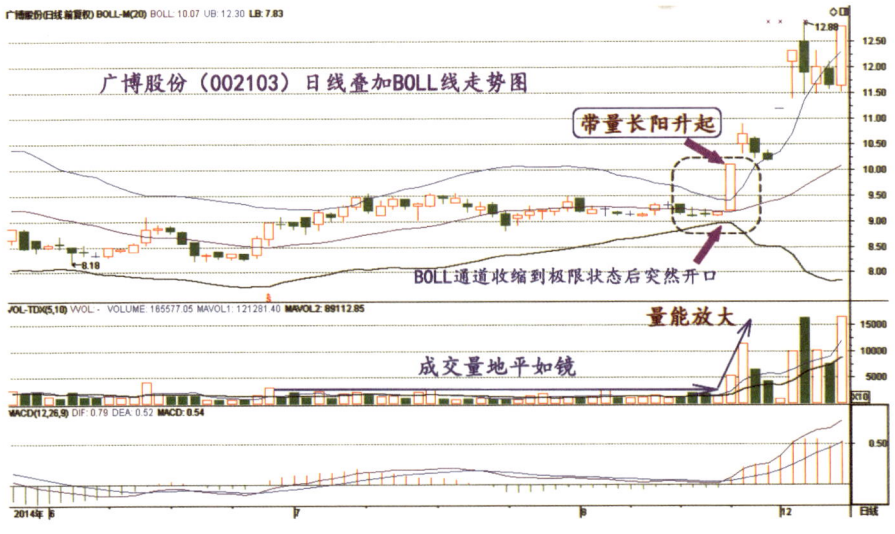

图 2-11

第二部分　强势追涨篇

空间。至此，平地起惊雷形态构筑完成。实战中，要在"惊雷"长阳当日以及随后缩量调整阶段积极介入。

如果在K线走势图中叠加BOLL通道，则更能够看清"惊雷"长阳线出现之前的股价状态，以及"惊雷"长阳之后的淋漓升势。（见图2-11）

通过图2-11，更加清晰地看到股价围绕BOLL通道中轴做强势横盘整理。当BOLL通道极限性收缩后，突然走出一只价量齐升"惊雷"长阳线，BOLL通道开口，股价随即脱离盘区快速涨升，有效佐证了买进的正确性。

第二节　平地起惊雷战法应用

股价突破BOLL通道上轨之后，意味着即将加速上涨。据此判断，"惊雷"长阳具有加速拐点的里程碑功能。实战中，首先在加速拐点处买进，然后通过"拐点快枪手"，预测技术定位波段上涨目标位，为随后获利卖出做到未雨绸缪（"拐点快枪手"预测技术详细内容，请看第七章）。

以广博股份（002103）为例。如图2-12，涨停长阳收盘价10.10元，

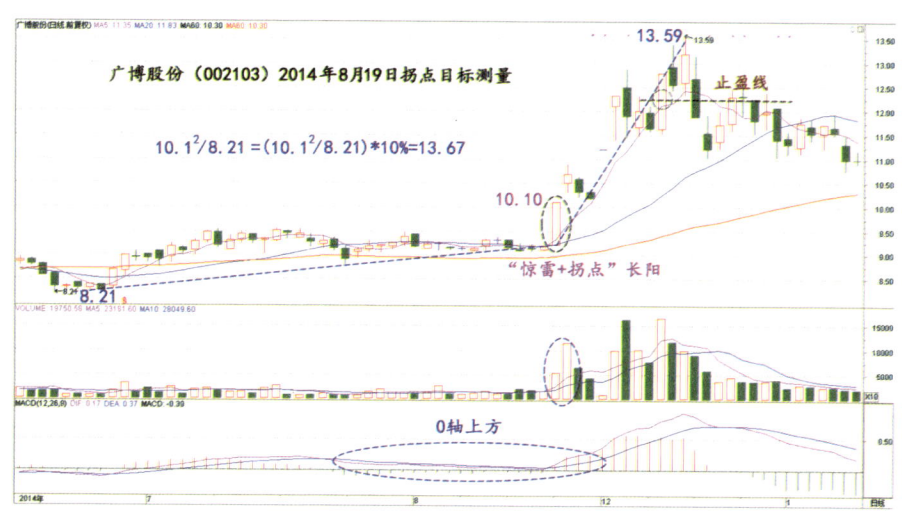

图2-12

波段低点 8.21 元。

预测目标位：$10.1^2/8.21+（10.1^2/8.21）\times 10\%=13.67$

图中显示，股价波段最高上探 13.59 元，与预测目标相差无几。当股价掉头向下，击穿高位长阳线实体中心值时，止盈出局，然后静待股价回落，再寻找中线买进机会。

广东鸿图（002101）日线走势中，也出现了拐点加速型"平地起惊雷"形态（见图 2-13）。我们看到，BOLL 通道严重缩口之后，股价一度被"挤压"成一条直线——围绕通道中轨小幅度横向挪动。之后，成交量涌出，涨停长阳突然升起，宣告上升趋势恢复，投资者应积极跟进，股价上涨速度明显加快。

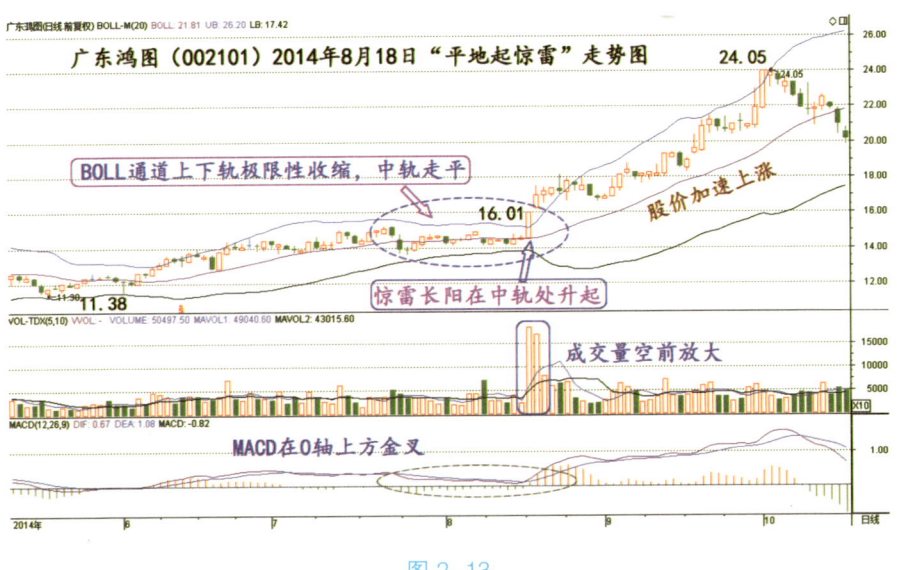

图 2-13

图中，2014 年 8 月 18 日的"惊雷长阳"，成为上涨趋势中的加速拐点，还具有里程碑的功能。因此，在积极买进之后，大家还可以通过"拐点快枪手"预测技术，测算波段上涨目标：

$16.01^2/11.38+（16.01^2/11.38）10\%=24.77$

股价最高见24.05元后，开始回落，投资者可先行获利出局。然后静待股价中线调整结束，再把握战略性买进机会（见图2-14）。

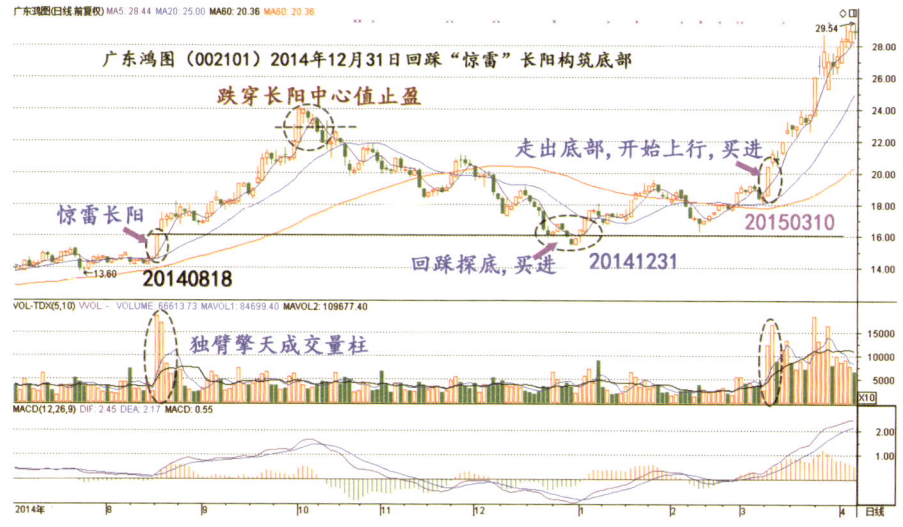

图2-14

通过图2-14看到，股价见24.05元高点后，开始回调，可及时止盈出局。随后，调整时间达到58个交易日，跌幅在35%以上。但是，当2014年12月31日到达之前的"惊雷"长阳实体部位（收盘价）时，即止跌企稳，构筑底部。可见该"惊雷"长阳乃"独臂擎天"长阳线。在2014年底可开仓买进。在2015年3月10日突破底部区域时加仓买进，到4月中旬，股价已经创出历史新高。该"惊雷"长阳线为半年后的波段上涨立下了汗马功劳。

总之，"平地起惊雷"形态，无论是出现在分时走势中还是日线走势中，都是股价急速爆发，上升格局得以巩固及有效拓展上升空间的重要标志。因此，"平地起惊雷"是一种确定性颇高的实战模式。

第六章　大鹏展翅

> 上升趋势中，短暂休整后的追涨是一种两难的选择。患得患失，成为该阶段交易者的通病。如不买进，可能错过快速上涨利润，可一旦成交，又往往挂在了波段高点上。有没有比较稳妥的方法呢？
>
> "大鹏展翅"攻击模式，主要是针对这类难题而设计。对于场外准备介入又担心追高的投资者而言，不失为一种既相对安全又可能快速盈利的加仓型买进模式。

第一节　大鹏展翅实战模式解析

"大鹏展翅"形态主要出现在上升趋势中短暂休整即将结束，股价快速启动之初。有时候，也会出现在较深的回调之后，波段底部构筑期间。

形态构筑三阶段

第一，中长期上升趋势中，30日均线走平或向上；股价横向整理，随后跌穿5日、30日均线；5日均线自上而下靠近或短暂下穿30日均线；股价开始回升，5日均线随之折返向上或再次突破30日均线。

第二，股价放量创出新高（量能较前一日放大1倍以上）。

第三，5日、30日均线恢复多头排列，股价再次跌穿5日均线；在30

第二部分 强势追涨篇

日均线之上短暂缩量休整之后，突破 5 日均线，5 日均线转折向上；价量齐升。自此，宣告"大鹏展翅"形态完成，"翅上"加速买点出现。

市场解析

"大鹏展翅"形态，主要出现在上升趋势阶段性休整后，升势恢复初期。"大鹏展翅"买点，属于股价快速拉升之前的入场点，短期盈利通常十分可观，但机会稍纵即逝，如果错过，则买进成本将大幅提高，因此，投资者要好好把握。

实战三要点

1. 构筑右翅阶段，股价突破 30 日均线，首次买进；放量过前期高点，持股。

2. 股价缩量调整，不破 30 日均线，持股。

3. 再次放量突破 5 日均线，加仓。

如图 2-15，南钢股份（600282）日线走势，在 2014 年 11 月 24 日完成大鹏展翅形态，股价停牌结束，即步入飞升阶段。

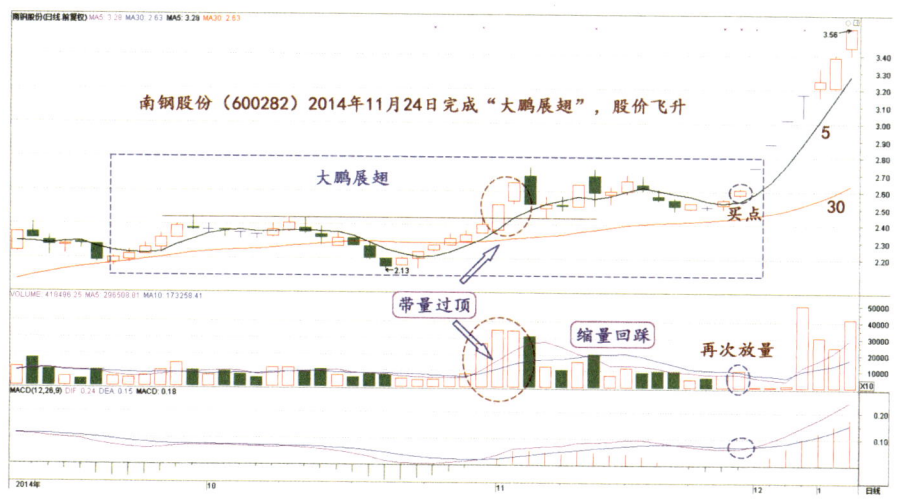

图 2-15

图片方框中显示，5日均线下穿30日均线，之后站上30日均线，走出N字形，恰如一只振翅高飞的大鹏鸟。成交量配合放大，则是振翅高飞的力量体现。

首先，股价跌穿30日均线之后，再次突破30日均线，第一买点出现。然后，放量向上，突破前期高点，延续上升势头，持股。其次，股价缩量回调，不破前期高点，显示抛压较小，继续持股。再次，股价再次放量，站上5日均线，"大鹏展翅"形态完成，加仓买点出现。最后，该股因重大事项停牌。一复牌即连拉涨停板，进入飙升阶段。

在上涨过程中类似的走势随处可见。

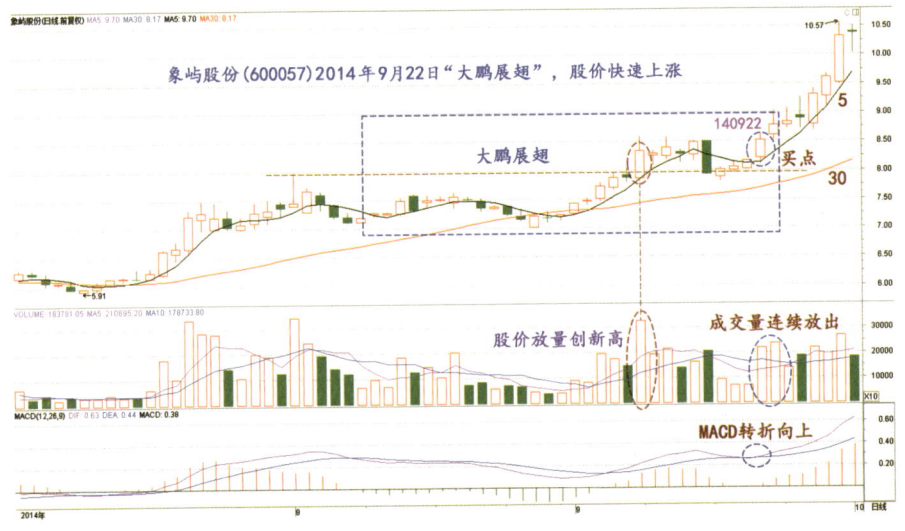

图 2-16

如图2-16，象屿股份（600057）日线，在2014年9月22日，走出一只涨幅4.29%的长阳K线，并且伴随连续放大的成交量，向上突破5日均线。5日均线随之转折向上，MACD指标快线轻触慢线后，也向上拐头，大鹏展翅在即，"翅上"加仓型买点出现。

第二部分　强势追涨篇

第二节　翅下潜藏一秘密

股价展翅腾飞之前，要经过必要的"翅下"缩量休整。在此期间，主力频频大单低吸，为日后"展翅腾飞"奠定基础。表现在分时图上，就是拐点区域成交大单频现，分时迅速向上折返。

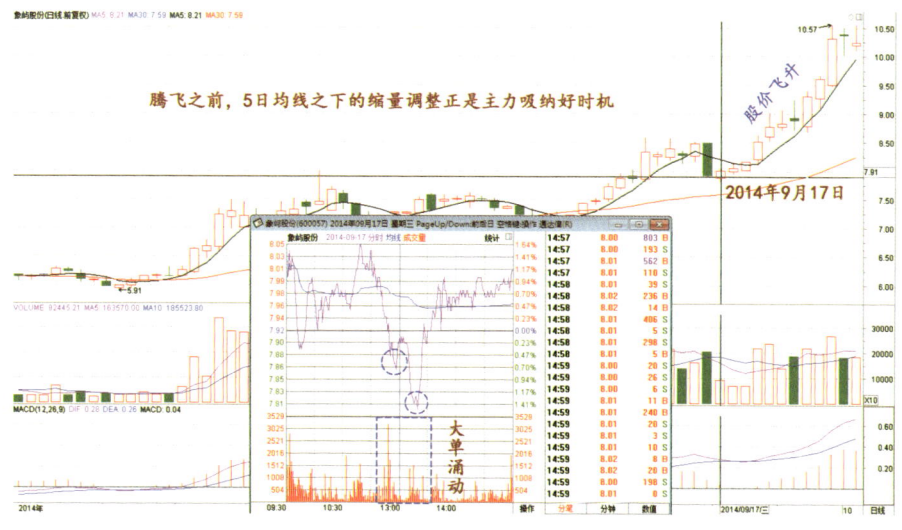

图 2-17

如图 2-17，在展翅之前，象屿股份在 2014 年 9 月 17 日回调至 5 日均线之下，尽管全天成交量明显萎缩，但是对应的分时走势中，两个向上拐点处成交大单涌出。之后，股价快速向上折返，暗示主力接盘积极、志在高远。

同样的情形，出现在徐工机械（000425）日线走势图中。如图 2-18 所示，在"大鹏展翅"右翅构筑过程中，股价短暂跌穿 5 日均线（进入翅下），期间价跌量缩，显示成交清淡。

63

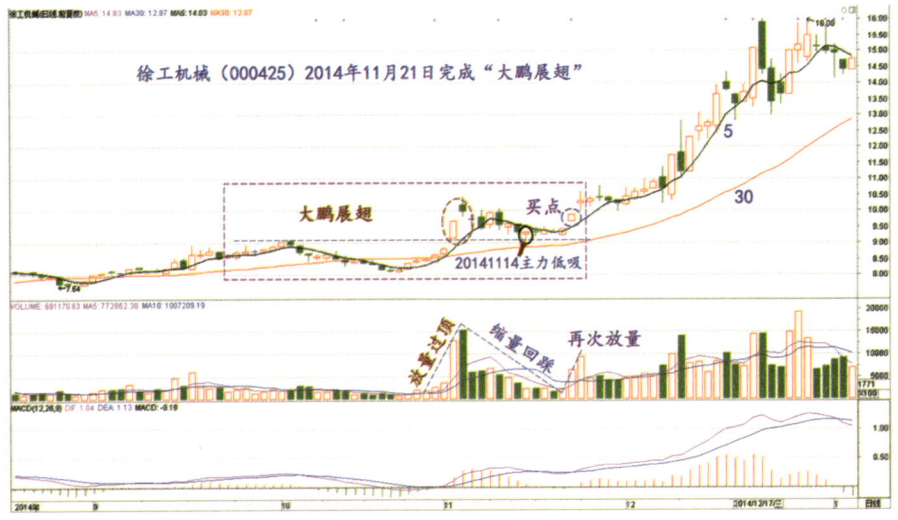

图 2-18

如图 2-18，徐工机械（000425）日线走势，在 2014 年 9 月到 11 月之间构筑"大鹏展翅"形态。右翅构筑过程中，股价带量创出新高，之后缩量回调至 5 日均线之下（进入翅下），尽管买卖双方表现得有气无力，但是分时图上，却留下了主力明显的吸筹痕迹，揭示了上涨的秘密。

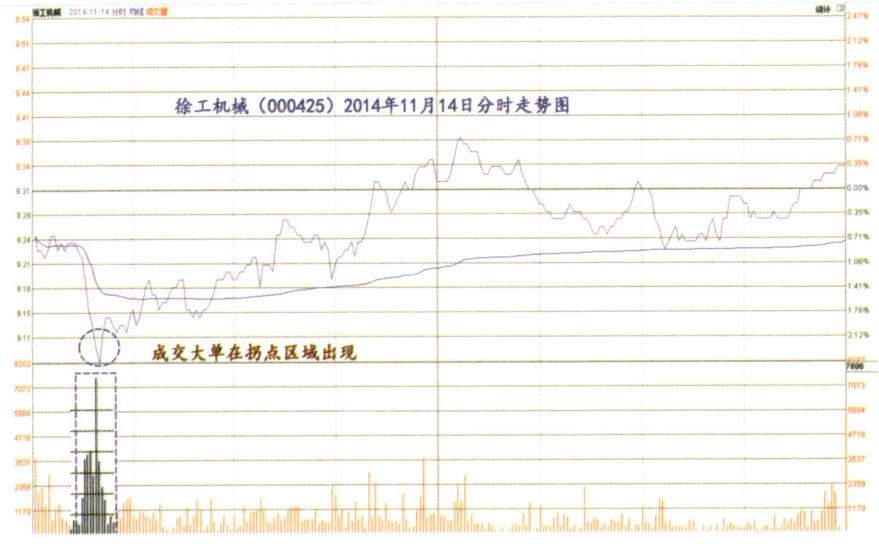

图 2-19

第二部分　强势追涨篇

如图 2-19，徐工机械（000425）翅下（5 日均线之下）的小阳线揭示了主力的真实意图。11 月 14 日开盘不久股价急速下跌，对应分时走势显示，股价快速下跌阶段大单密集涌出，股价早盘创出全天新低后快速逆转向上。

尽管全天成交萎缩，但是主力意图昭然若揭，这为日后展翅腾飞奠定了基础。

第三节　翅上飙升两条件

"大鹏展翅"后，股价能否飙涨，要取决于以下两个因素：

第一，所选标的右翅，明显高于左翅，确保展翅腾飞之前，股价已经创出新高。

第二，"翅上"买点形成阶段，必须价量齐升（表示意愿强烈、动力十足）。

如图 2-20，上海三毛（600689）日线，在构筑"大鹏展翅"右翅阶段，尽管股价创出新高，但是突破的幅度较小，且成交量没有显著放大，"翅上"

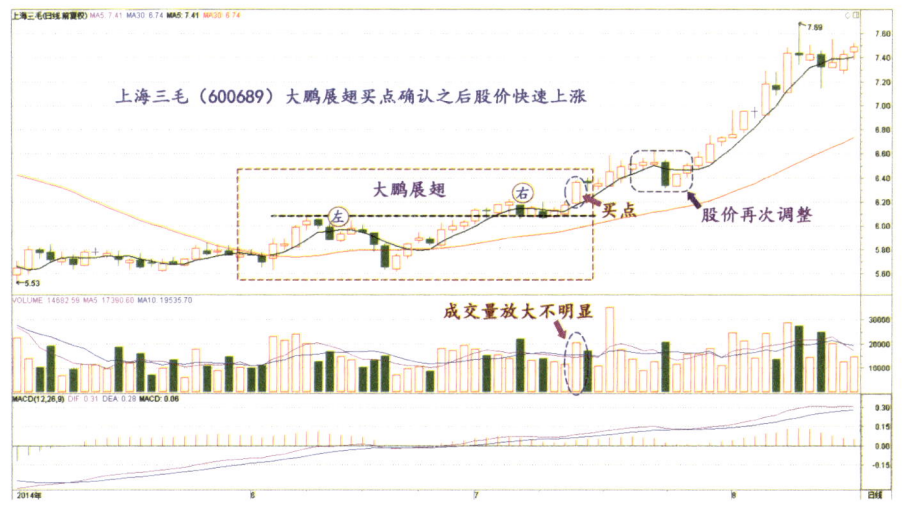

图 2-20

买点形成时，成交量也没有明显放出，导致上涨力度较弱，再次出现调整，而不是一气呵成式的单边飙升。

图 2-20 中显示，股价再次突破 5 日均线，形成"翅上"买点时，成交量并没有明显放大一倍以上，显示关键时刻上攻动力不太充足，尽管随后放出补充量，但是效果已经打了折扣。

下面的中国中冶（601618），在"翅上"买点形成阶段，成交量比较单薄，股价一度停滞不前，当成交量再次放出之后，才进入飙涨阶段。

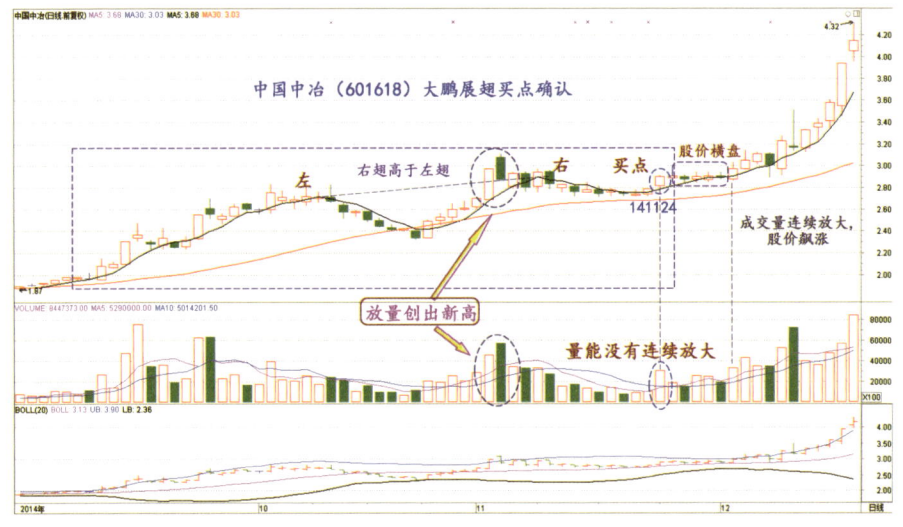

图 2-21

如图 2-21，中国中冶（601618），在大鹏展翅构筑右翅阶段，首先放量过前期高点，右翅高于左翅。但是缩量调整之后，突破 5 日均线时，成交量没有继续放出，导致股价横盘数日。当成交量"补充"放出后，才迎来股价飙涨。

需要特别强调的是，如果上升趋势尚未完全恢复，股价依然处于底部区域，且右翅不能有效突破前期高点，则表示上攻动力较弱。在"翅上"买点形成阶段，必须一鼓作气、价量齐升创出新高，否则，"大鹏展翅"失败概率加大，可考虑放弃。

第二部分　强势追涨篇

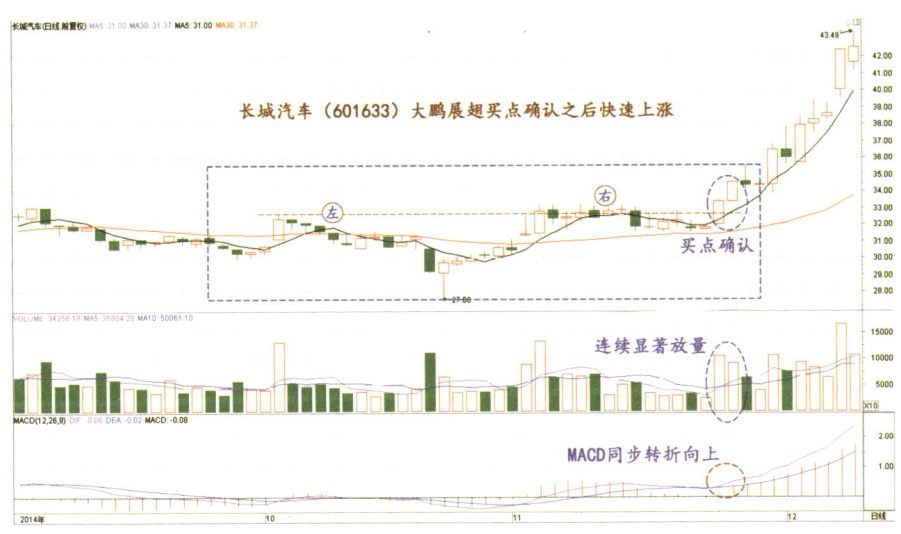

图 2-22

如图 2-22，长城汽车（601633）的日线走势，在构筑大鹏展翅形态期间，左右翅几乎在同一条水平线上，股价无力创出新高。只有当再次价量齐升，一举突破 5 日均线并创出新高，才宣告"翅上"买点形成，股价开始展翅高飞。

下面的案例也是如此。

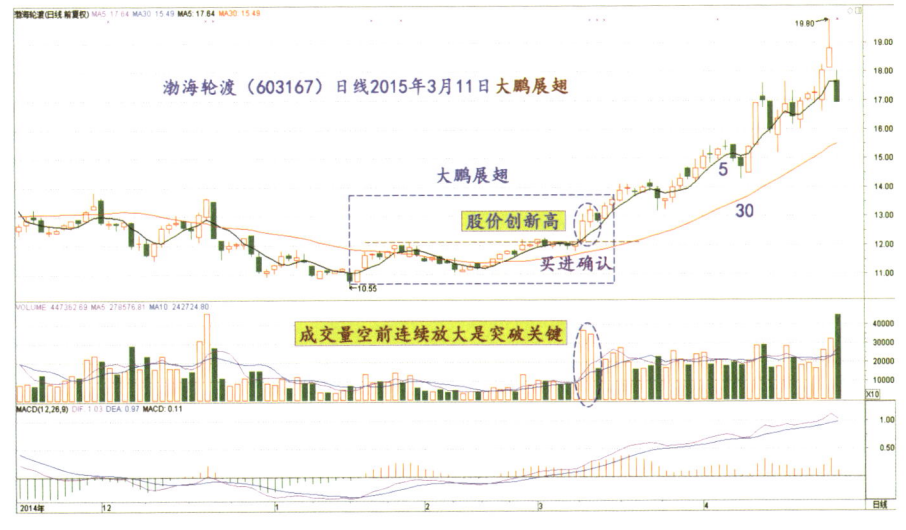

图 2-23

如图2-23，渤海轮渡（603167）日线走势，在2015年3月之前，经过较长时间调整后，构筑底部"大鹏展翅"形态。其中左右翅处在同一水平线，显然，上攻动力还没有显现出来，这成为"翅上"飙涨的关键障碍。终于，股价在2015年3月10日、11日走出涨幅超过3%的连续放量长阳线，有效创出新高，正式宣告股价即将展翅高飞，有效买点出现，盈利时机不可错过。

总之，右翅不高于左翅的大鹏展翅形态，通常出现在一波较大幅度回调之后，股价尚未完全恢复上涨之前，所以，连续放量突破，是其不二选择。

第二部分　强势追涨篇

第七章　拐点快枪手

"加速拐点"战法，是把握股价上涨途中，加速买点以及预测波段卖点的中短线交易模式，笔者称之为"拐点快枪手"战法。市场走势中，在价格上涨及下跌过程中，经常会出现加速现象。具体到股价走势中，下跌加速相对少一些，而上涨加速则经常出现。本章主要针对股票市场加速上涨拐点阶段，进行实战阐述。

第一节　波段内拐点战法

股价加速上涨阶段，只是中长期上升趋势中的一个小片段。因此，分析和使用加速拐点技术进行投机，首先要以中长期上升趋势为主要依托。同时，拐点加速走势有两种情况：一种是同波段内，股价加速上涨；另一种是邻波段相对性加速上涨。而且，拐点长阳线，经常作为突破市场中长期压力位的重要标志。当股价突破后，展开调整时，加仓机会不容错过。本节将首先就波段内拐点投机，进行实战解析。

走势特征

在中长期上升趋势中，股价短期见底之后，先是沿着某一斜率的趋势线上涨一段时间，然后从某一交易日开始突然发力，走出一只成交量显著放大的长阳线（通常较前一日放大一倍以上），而且经常是放量涨停板，从此股价单日平均涨幅开始加大，上升趋势明显变陡，一眼看去，就会发现，在同一波段内，带量长阳线前后的上涨斜率，发生了明显变化。

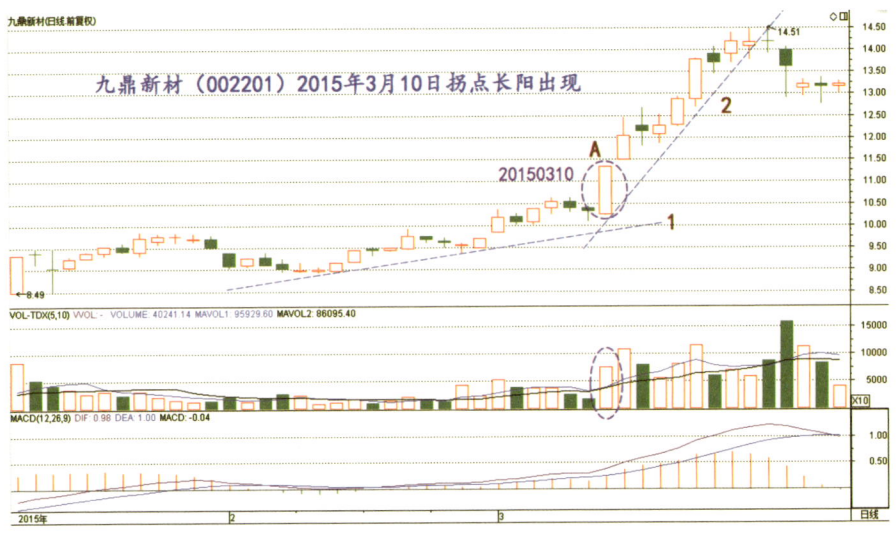

图 2-24

如图 2-24，九鼎新材（002201）日线走势图显示，股价见波段低点后，沿趋势线 1 逐渐上涨，从 A 处带大量涨停长阳线起，上涨斜率加大（见趋势线 2）。A 处长阳线就是上涨力度发生改变的加速拐点长阳线，下面简称为"拐点长阳线"。

统计发现，A 处走出长阳线之前的 15 个交易日，股价上涨幅度不到 20%，但是，拐点长阳线之后的 8 个交易日，股价涨幅达到 25%。前后上涨力度比值接近 1:3。

实战要领

1. 拐点长阳线当日、次日盘中买进。止损位设在拐点长阳线实体下沿（开盘价）处。

2. 股价在预测目标位正负 5%~10% 的区域，滞涨转跌，波段卖出。

3. 股价回落到拐点长阳线实体区域获得支撑，加仓买进。

拐点长阳线当日以及随后，都是短线积极加码买进良机，只要设好止损位就可大胆参与。下面重点阐述上涨空间的预测方法。

第二节　拐点长阳测目标

根据涨跌动力演化规律，波段内拐点长阳，具有上涨里程碑的功能。该线体出现之后，股价上涨幅度测算公式：

$M=C^2/L$

其中 C 为拐点长阳线的收盘价，L 为波段低点价格，M 为波段高点预测目标值。

需要注意的是，预测目标是一个价格区域，并不是一个精确的价格点。股价实际的波段高点，在 M 值正负 5%~10% 的范围之内，都是正常状况。当股价到达 M 值附近时，一旦不再快速上攻，则要警惕市场短期见顶回落。

案例解析

图 2-25 中，九鼎新材（002201）日线走势，在 2015 年 3 月 10 日走出显著放量涨停长阳线（A 处）。此时，我们即可认定该线体，就是上升趋势的加速拐点。然后积极买进，止损位就设在长阳线的实体下沿，即开盘价位置。

随后，进行波段上涨幅度预估。波段行情的低点 8.91 元，拐点长阳线的收盘价 11.34 元，然后带入公式 $M=C^2/L$ 中，即可得到测算结果：$M=11.34^2/8.91=14.43$

即，当股价上涨到 14.4 元附近时，短期上涨动力，可能达到一个极限状态，无法继续按之前的力度上攻。那么，一旦股价走平或向下，可短线

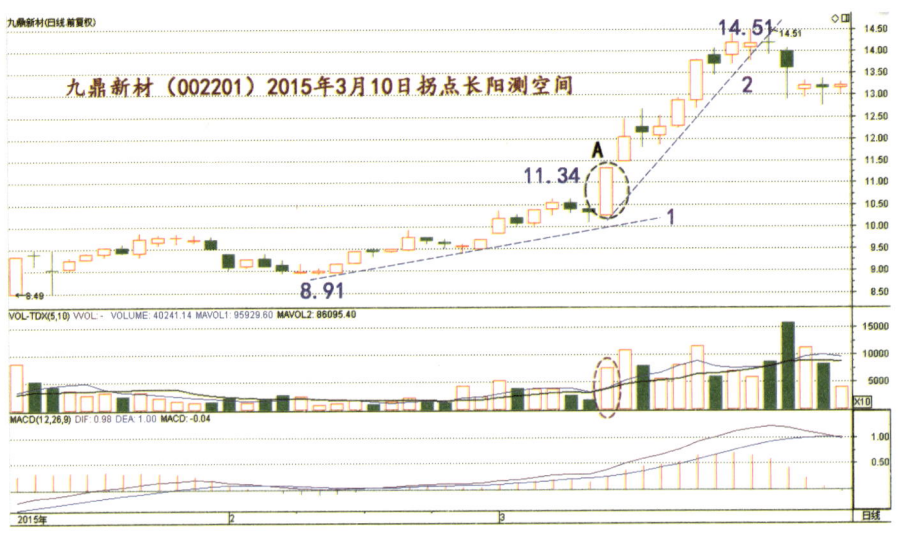

图 2-25

卖出。实际上，股价在 3 月 23 日最高冲到 14.51 元，并以 14.18 元收盘，而且连续三个交易日在 14.18 元附近收盘。可见上行压力加大，随后跳空低开下行时，就可短线出局，等待合适机会到来再入场。

类似的情形，早在 2013 年 1 月北斗导航的日线走势中出现过。

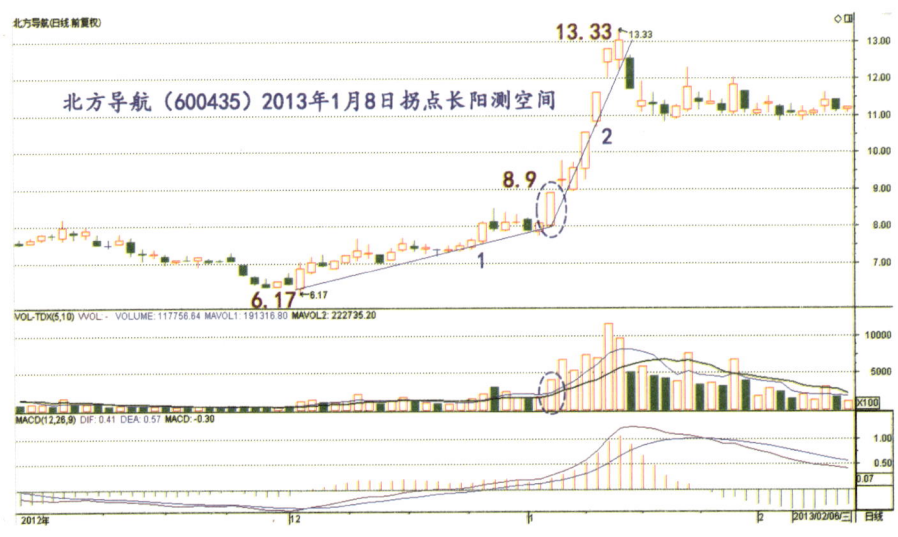

图 2-26

第二部分　强势追涨篇

如图2-26，在北方导航（600435）日线走势中，我们看到，圈中带量涨停板大阳线之前，股价沿着趋势线1爬行，但是从圈中长阳线开始，股价步入快速上涨阶段（见趋线2）。那么，在涨停当日及次日买进，都是正确的选择。同时看到，涨停当日的收盘价是8.9元，波段低点是6.17元。据此测算波段上涨的目标位：

$M=8.9^2/6.17=12.83$

也就是说，当股价到达12.83元附近时，就要提高警惕，防范做头回落。股价在2013年1月5日，无力延续之前的强势上涨，而选择低开。尽管随后高走，但颓势已经显现。虽然当日最高见13.33元，收于13.03元，但是，次日即低开低走，报收于11.71元。前后两个交易日，收盘价相差1元多，可见短线见顶的意味十分强烈，实战中，可趁随后盘中反弹卖出。

下面再看图例2-27。

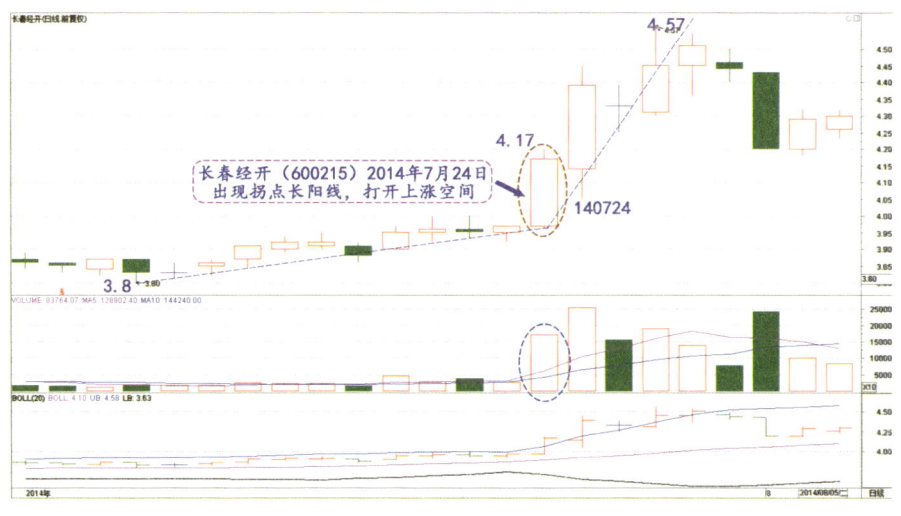

图2-27

如图2-27，在长春经开（600215）2014年7月3日到8月14日之间的日线走势图上，圈中的带量大阳线，成为上涨拐点，之前11天涨幅2.5%，之后6天涨幅达到8.5%，加上长阳线的涨幅将近15%。长阳线收

盘价为 4.17 元,波段低点 3.8 元。

上涨目标测算:$4.17^2/3.8=4.57$

估算的目标位与实际目标位吻合,股价见 4.57 后,开始回落。

中长线投资者,不在乎短线涨跌以及目标价位的估算,但是对于那些短线投资者而言,通过拐点价格预估,可免受短线被套之苦。

第三节 邻波段拐点战法

股价上涨过程中,出现拐点的另一种情况是,相邻波段的上涨斜率发生了相对变化。具体而言,股价先是沿着上升趋势线稳健上涨一段时间,然后短线见顶回落,见波段低点后再次价量齐升,单日上涨幅度变大,股价趋势明显变陡,波段间加速拐点出现(见图 2-28)。

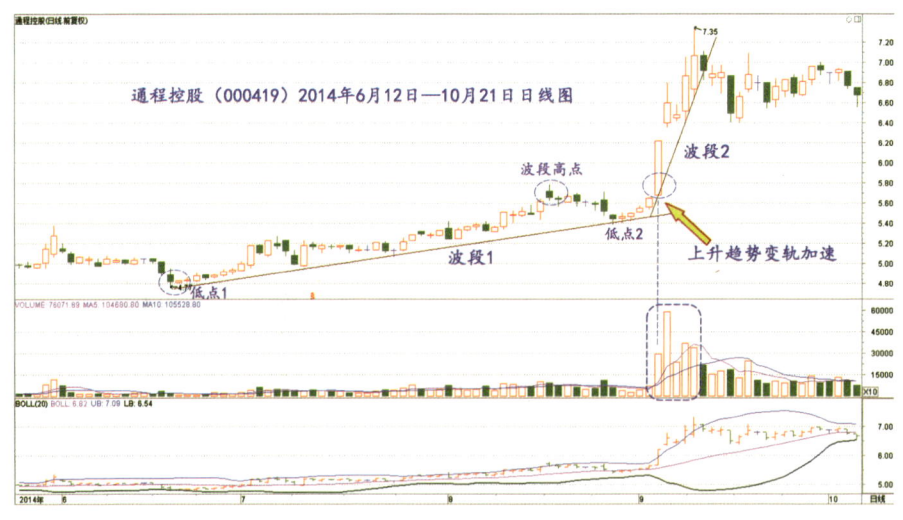

图 2-28

在图 2-28 中,在通程控股(000419)上涨过程中,股价由原来的均匀上涨(见趋势线 1),变为加速上涨(见趋势线 2)。从波段低点开始,前后的上涨力度，发生了明显的变化。这就是相邻波段上涨斜率加大的情况。

买进要领

股价加速上涨当日及创新高后，加码买进，止损位设在前一波段高点位置。

上涨目标测算

根据涨跌动力演化规律，相邻波段间拐点出现之后，股价上涨幅度测算公式：

$M=H^2/L$

H 为前一波段高点价格，L 为前波段低点价格，M 为本波段上涨目标位。

如图 2-29，在东方航空（600115）日线走势图上，股价从 2.24 元开始稳健上涨（渐趋线 1），见高点 3.42 元后，回调到 2.9 元，之后价量齐升、快速上涨并突破前高点（渐趋线 2）。

预测波段上涨目标：$3.42^2/2.24=5.22$

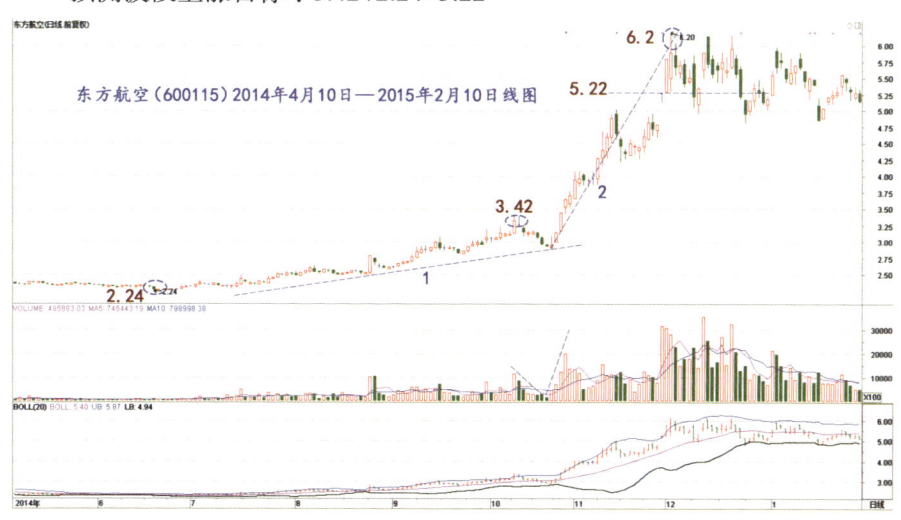

图 2-29

图中显示,股价在预测目标位5.22元下方,做短线调整,之后,即以"T"字形涨停板突破5.22元。因此,当股价到达预测目标位附近时,要高度注意——如果股价滞涨转跌,则顺势出局;如果股价继续上涨,则继续持股,直到转势下跌为止。我们看到,该股突破目标值以后,即进入高位横盘筑顶阶段,可择机卖出。

一旦股价回落,获得拐点长阳线的有效支撑,再次价量齐升时,即可积极介入,因为真正的大行情在后面。

如图2-30,北方导航(600435),在2015年4月底之前的上涨中,出现邻波段拐点加速走势。股价在3月17日,以带巨量涨停的形式,突破波段高点及下降压力线,然后加速上涨。

首先,可以测量波段高点的目标值,进行波段操作。然后回落不破长阳实体支撑,可积极买进。

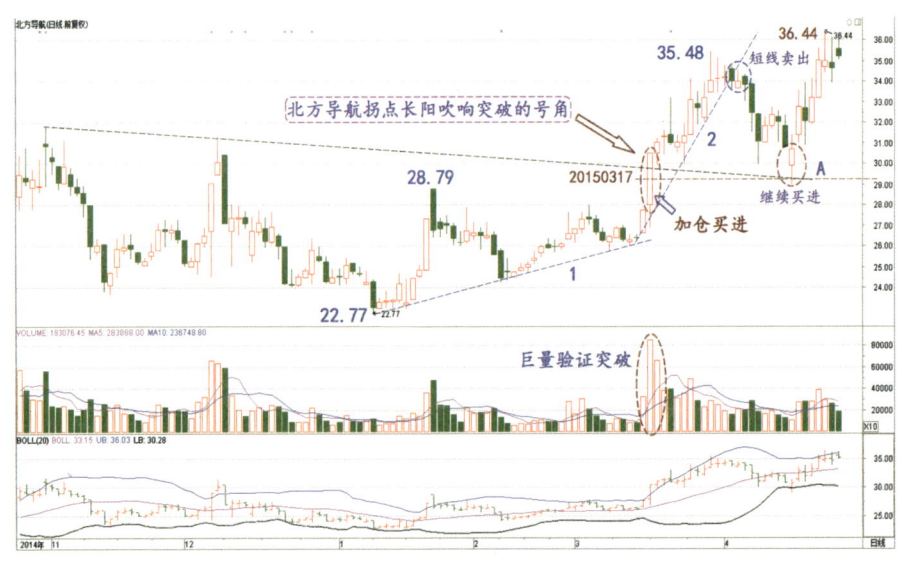

图2-30

目标测量:$M = H^2/L = 28.79^2/22.77 = 36.40$

股价波段上冲35.48元,误差在1元左右。当向下击穿趋势线2时,短线获利卖出。当股价回落到 A 处（2015 年 4 月 16 日）获得拐点长阳线有效支撑时，中线买点出现。

第四节　拐点实战两要点

要点一：中长期上升趋势中，积极把握回落阶段的中期建仓机会。

实际操作中，投资者要耐心等待股价回落，当到达拐点长阳线附近开始筑底时，要密切关注随后的走势。一旦筑底完成，即可把握中期建仓机会。

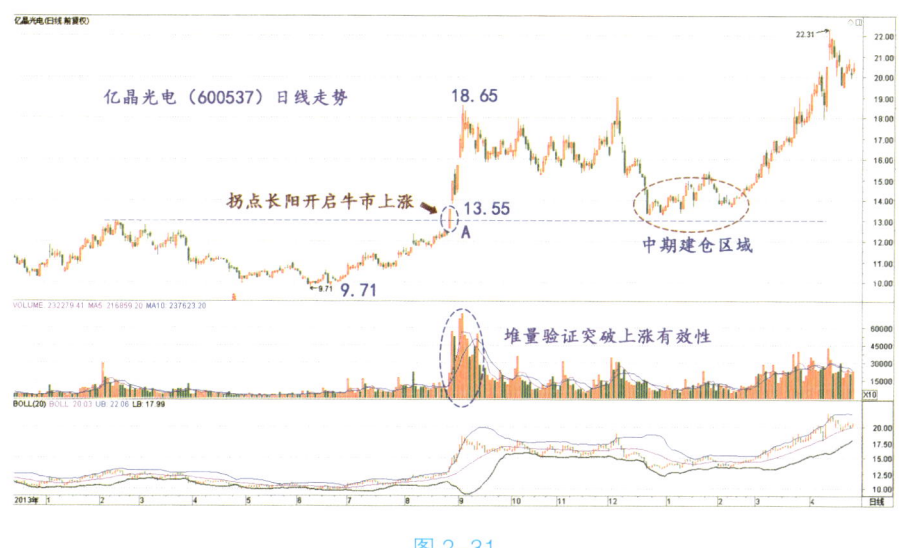

图 2-31

如图 2-31，亿晶光电日线走势，在 A 处拉出一支涨停长阳线，伴随着巨大的成交量，向上突破前期高点的压制，股价快速上涨。按照拐点测段技术，可测量波段高点的目标位，然后先行卖出。

目标位：$13.55^2/9.71=18.90$。股价最高到达 18.65 元，即展开宽幅震荡回落。由于股价走势整体上处于上升趋势中，因此，波段获利出局后，当价格调整三个月时间，到达 A 处拐点长阳线实体部位时，不可错过中期建仓机会。股价从2015年2月起完成筑底恢复上行。投资者只要不来回乱折腾，则盈利将十分可观。

要点二：中长期下跌趋势中，波段内拐点投机模式，也具有明显的实战价值——用来捕捉快速反弹高点。

当股价中长期趋势依旧向下的时候，尽管短线受到利好刺激等出现快速反弹，但是往往也会快速见顶回落，投资者一旦踏不准节拍，往往就会少赚或不赚，甚至亏损。在此，"波段内拐点投机模式"，具有重要的实战价值。

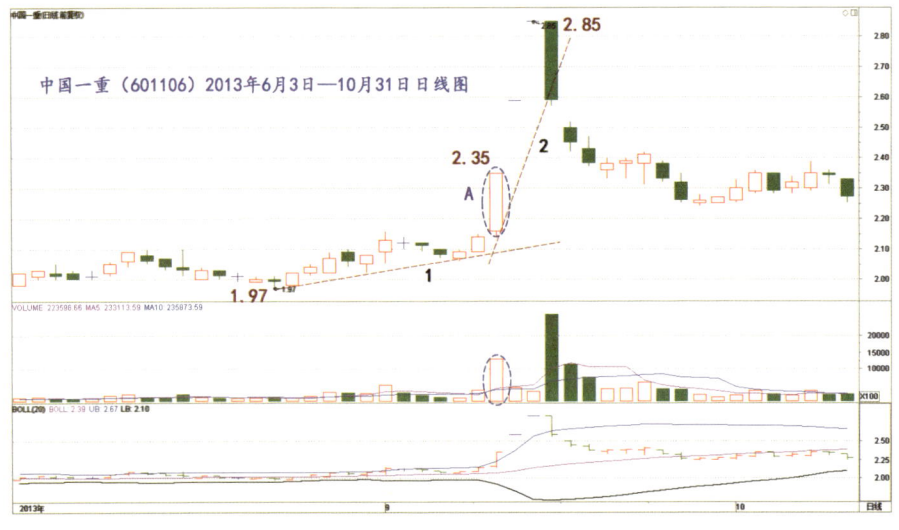

图 2-32

如图2-32，中国一重（601106）在2013年6月之前，长期处于下跌趋势中。股价见底回升一段时间后，于2013年9月10日拉出一支带巨量涨停板长阳线（A处），开始加速上涨（斜率明显加大，见线1.2）。

上涨目标测算：$2.35^2/1.97=2.80$

通过估算，波段高点将在2.8元附近出现。实际上，股价连涨两个"一"字板，定格于2.85元。次日一开盘，股价快速低走时，即可落袋为安。我们看到，随后股价又跌回到拐点长阳线的位置，一直到 2014 年 6 月中旬才止跌。

第五节　拐点实战之"独臂擎天"

拐点长阳线实战模式，除用在短线买卖领域之外，还具有更广泛的市场影响力，是作为牛股拉升大幕开启的重要标志。从市场中长期走势来看，这一类型的拐点长阳线，出现在中长期下跌之后的横盘突破阶段。

实践发现，拐点长阳线向上突破中长期横盘区域，或下跌趋势中最后一个波段高点，将彻底改变股价运行格局那就是由熊转牛，进入中长期上升趋势，因此，意义十分巨大。

也就是说，股价经过前期较长时间的下跌或横向整理，一只放巨量长阳线涨停板（成交量较前一日放大一倍以上），突破横盘区域或左侧最后一个反弹高点，宣告牛股正式启动！笔者称该线体为"独臂擎天长阳线"。

也就是说，独臂擎天长阳线，作为突破价格中长期压力带的拐点长阳线，要在未来的市场走势中发挥重要的支撑作用。

同时，我们要强调的是，毕竟"罗马不是一天建成的"，牛股也需要休养生息，长阳线之后，需要通过震荡洗盘，消化因为股价突破而激活的抛售筹码，积蓄上涨动能，然后再进入漫漫上涨征途。因此，股价以惯性快速上冲之后，必然会出现不同程度的调整，甚至出现较大的回调幅度。为此，投资者首先可按照拐点投机法的要求，在拐点长阳线当日以及次日盘中积极买进。买进之后，可根据波段高点预测法，测算快速上涨的目标价位，短线落袋为安。然后，一定要持续关注股价后续走势，把握中期买进机会。

而且，拐点长阳线无论是突破了长期横盘区域，还是左侧的最后一个反弹高点，高位的套牢盘必然会涌出，必然会大量消耗做多动能。可既然消耗巨大，为什么主力还要选择突破呢？答案只有一个，就是即将进入黄金拉升期，更大的盈利在后面。除非该长阳线被很快"吞没"。

因此，只要股价整体运行在上升格局中，那么，该长阳线就是股价熊牛分水岭，突破后的回调，将在该阳线实体位置结束。故笔者将该拐点长阳线，称作"独臂擎天"长阳线。

交易要领

1. 可继续按照拐点投机模式，博取波段价差。

2. 在"独臂擎天"长阳线实体支撑区，把握中长期买进机会。

3. 击穿拐点长阳线实体开盘价，及时止损离场。

如图 2-33，广电电气（601616）日线走势，在 2014 年 9 月 3 日的涨停长阳线（图中 A 处），就属于这一种类型。拐点长阳线，一举向上突破了长达两年的盘整区域（2012 年 7 月到 2014 年 9 月，见 a 处），宣告股价步入中长期上升格局。

图中 A 处，拐点长阳线出现在波段上涨途中，股价上升斜率，前后

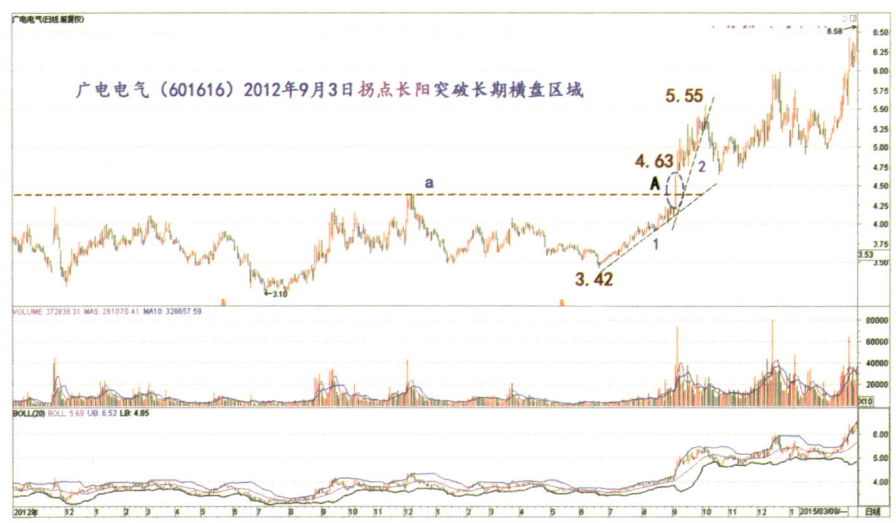

图 2-33

出现明显变化（见趋势线1.2）。首先可以按照拐点长阳线测算技术，锁定短期上涨目标，赚取短线盈利。

A处涨停价格4.63元，波段低点3.42元。按照正负10%的波动区域，得到股价波段高点出现范围：5.64元~6.89元。实际上股价触及5.55元波段高点后，即开始调整，可短线卖出。然后，待股价回踩，逢低吸纳筹码。

局部放大见图2-34。A处长阳线扭转了股价运行格局，独自"挑起"上涨的重担。随后，股价中期调整，都在该阳线实体上沿处结束。

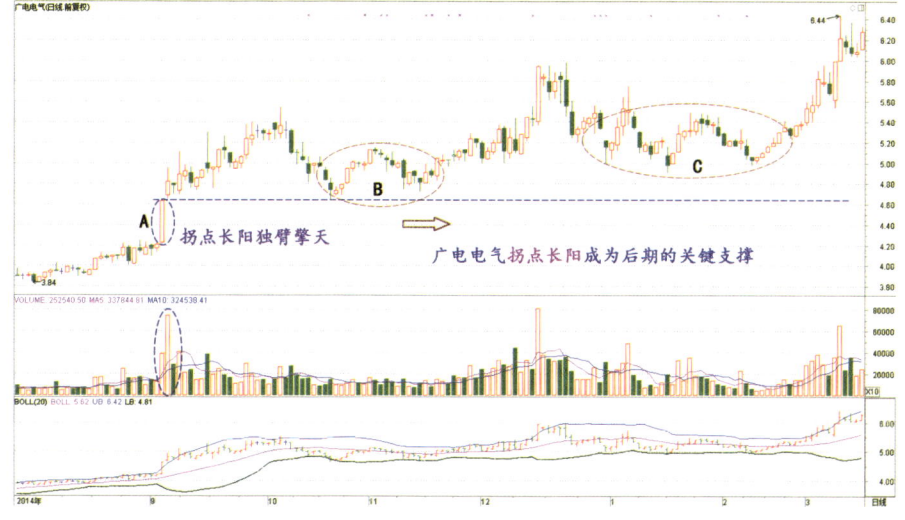

图2-34

具体而言，在随后2014年10月到2015年2月期间，出现了两个战略性建仓区域B、C。随后股价开始上涨。到3月底涨幅达到60%左右。可见，独臂擎天长阳线之后，耐心持股，成为盈利的主基调。

在这种情况下，按照"拐点投机技术"波段卖顶之后更要积极把握回调期间的战略性买进机会，崇尚中长线投资的交易者，甚至可以放弃波段内的短线交易机会，专注于未来的大行情。

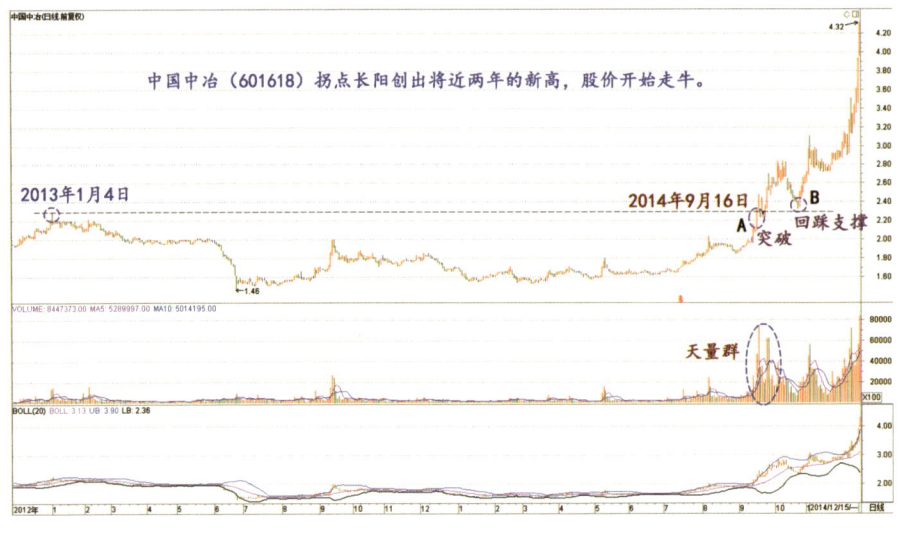

图 2-35

如图 2-35，中国中冶（601618）长期日线走势图显示，股价在 2014 年 9 月 16 日（图中 A 处），创出 2013 年 1 月 4 日以来的新高——突破长期下跌趋势中最后一个反弹高点，宣告该股正式走入牛市格局。B 处回踩确认，成为难得买进位置。

局部放大见图 2-36。图中显示，股价在 1.84 元触底回升，在 2014 年

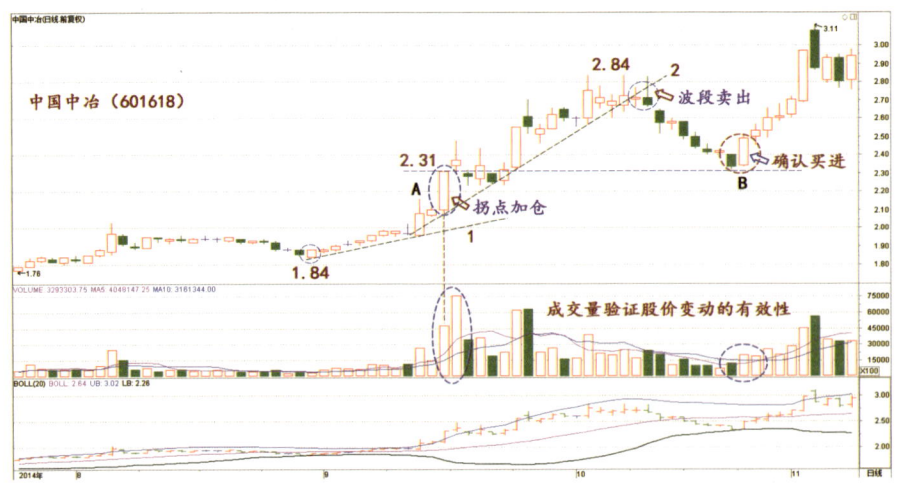

图 2-36

第二部分　强势追涨篇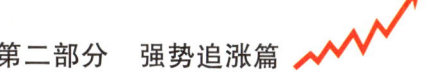

9月16日涨停（A处），至此，上涨斜率加大（见趋势线1、2的对比）。短线而言，长阳当日以及随后几日，都是买进机会。再根据拐点测算技术，把握短线卖点，捞取第一袋"信心金"。

上涨目标测算：$2.31^2/1.84=2.90$

图中显示，股价最高见2.84元，然后开始滞涨，后跳空低开低走，短线及时出局。然后股价连续收阴缩量回落，清洗浮筹，在A处拐点长阳收盘位置获得支撑，再次收阳时，就是中期买进机会（见B处）。把握好此买点，等于抓住了牛鼻子。到2015年4月27日，该股涨幅超过300%。

总之，"拐点快枪手"战法，是在大势上涨的前提下，波段淘金的好帮手。既可以捕捉波段高点，又能够把握中期回调底部，为盈利插上飞翔的翅膀。

第三部分 狙击涨停篇

涨停板,是A股市场快速上涨的一种极端形式。狙击涨停板作为投资大众的"最爱",相关分析技术经久不衰、历久弥新。本篇分享部分较好把控的涨停板技巧,以飨读者。

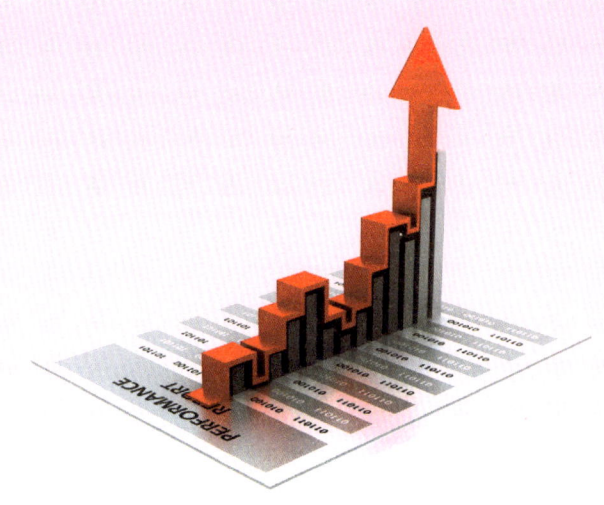

第八章　分时掘宝攻略

> "分时掘宝"模式,是专门捕捉盘中涨停板机会的实战方法。与日线掘宝模式的分析要点,存在比较明显的区别。本节将就此做详细阐述。

第一节　分时掘宝概要

形态特征

1. 10分钟图上走出突破性长阳线（K1）以及对应的成交量柱（L1）。

2. 股价缩量回调,不跌破 K1 实体下沿,通常在其实体中心部位或实体下沿附近,止跌企稳。

3. 以 10 分钟作为一个波动周期,股价缩量调整,通常在 6 个~8 个分时周期内结束,最长不超过 10 根。

4. 分时均线（参数 5、20、60）横盘集结,或刚好金叉,或继续呈现多头排列,股价处于均线上方或即将突破均线压制的临界位置。

5. MACD（参数 5、20、5）,处于 0 轴附近或位于 0 轴上方,且快线（DIF）金叉慢线（DEA）后趋于黏合。

交易要领

1. 缩量调整至"坑内",试探性买进,走出带量较大阳线 K2 时,立即加码。

2. 如果当日涨停,次日无力继续上攻,可获利了结(中长线投资除外)。

3. 如果随后没有走出带量较大阳线 K2,或者尽管随后走出 K2 线体,但当日收盘即跌穿价柱 K1 实体下沿,表示分时"造坑"失败,股价短期走弱,次日开盘即止损出局。

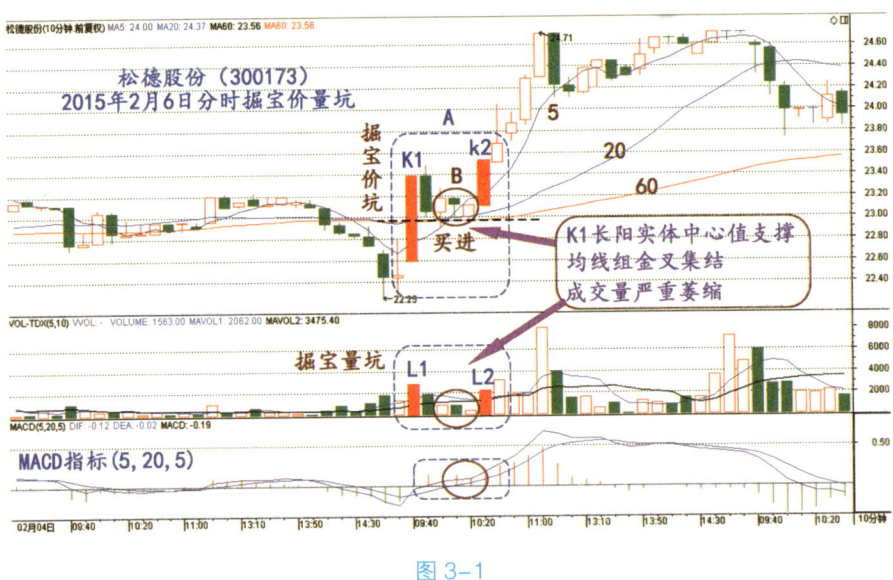

图 3-1

如图 3-1,松德股份(300173)2 月 4 日到 2 月 6 日的 10 分钟走势图显示,2 月 6 日一开盘(图中 A 处)股价即快速上攻,随之 20 周期均线金叉 60 周期均线,而且两线集结、走平(向上),表示分时上涨基本确立;然后在 20、60 周期均线之上,走出 4 根调整 K 线,5 周期均线分别金叉 20、60 周期均线,显示上升趋势已经形成。而且 K 线实体明显缩小,对应的成交量,严重萎缩至量均线之下,显示股价跌无可跌,构筑分时掘宝形态的概率极大。

同时，股价在 K1 阳线实体中心值附近止跌，这一位置，恰恰又是 20.60 周期均线集结支撑位。

而且，伴随坑内缩量小阴小阳线的脚步，5、20、60 周期均线，开始多头排列；参数为（5、20、5）的 MACD 指标快线（DIF）、慢线（DEA），都进入 0 轴上方的强势区域，并有靠拢趋势，这预示着股价即将拉升，坑内买点不可错失。可先期买进部分筹码。

紧接着，走出一支带量上攻阳 K 线（K2），宣告分时掘宝形态构筑完成。股价将突破盘区，快速上涨，要迅速加码买进，当日涨停板。次日，股价一开盘，如不能维持价量齐升格局，短线及时出局。

第二节 "坑内"强势挖宝策略

对于强势股而言，K1、L1 价量组合出现后，缩量回调时间极短，分时交易要果断积极。只要股价整体趋势向上，那么一旦走出 K2、L2 组合，必须完成所有买进动作。

具体而言，价棒 K1 之后，如果走出两只（或数只）严重缩量小 K 线，一阴一阳，前阴后阳。则第二只缩量小线即可果断买进，等待价棒 K2 出现，完成加仓。

就算当日没有涨停，也没关系。只要 K1、K2 阳线支撑没破坏，可继续持股待涨。

如图 3-2，长方照明（300301）10 分钟走势图，在 1 月 28 日午后开盘即拉出一支长阳线向上突破盘整区域，对应的成交量异常放大，K1、L1 组合体形成。随后股价收小阴小阳调整，成交量再次萎缩回均线之下，呈现地量水平，K 线实体严重缩小，但是时间只有短短 20 分钟。期间，很多投资者估计还没来得及买进，即拉出一支带量长阳 K2，完成分时掘宝量坑

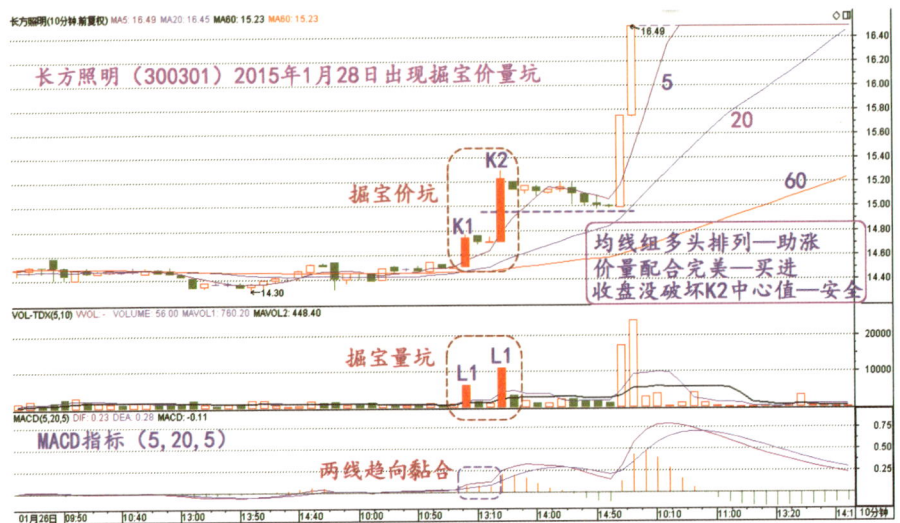

图 3-2

形态。由于调整时间过短、调整幅度过小,与经典的"掘宝量坑"相比,"价坑"营造,显然不够充分。

实际操作中,分时波动瞬息万变,投资者不可能预料到下一时段将发生什么。因此,带量 K1 阳线宣告分时上涨趋势已经基本确立时,随后的缩量调整,就可以试探性买进,至于缩量调整要持续多久,就交给市场去吧。只要股价不跌破价棒 K1 实体下沿,就不是失败的。

我们看到,随着 K2、L2 组合出现,股价并没有及时涨停,而是再次选择压制盘面、缩量调整,这种情况,通常预示着当日股价难以涨停了,要做好持股时间拉长的心理准备。显然,之前一阴一阳两根缩量小 K 线,不足以充分清洗浮筹,因此,再次进入严重缩量小 K 线调整阶段。

在此期间,只要不跌穿 K2 实体中心值,就要继续买进。不跌穿带量 K2 实体下沿(即开盘价),就不算失败。1 月 28 日当天,股价在带量长阳线 K2 实体中心值上方,缩量调整直到收盘。

1 月 29 日,长方照明发布午间公告,称公司拟披露重大事项,从 1 月

第三部分　狙击涨停篇

29日起临时停牌。2月5日该股一复牌，便连拉两只巨量长阳线（10分钟走势图）。不到20分钟，就直接奔涨停板去了。先前按照分时掘宝模式买进的投资者，均可在涨停次日（2月6日）择高点出局。如果之前没有买进，那么看到这种情形，只能是踏空或苦苦追高了。

下面的案例也十分经典。

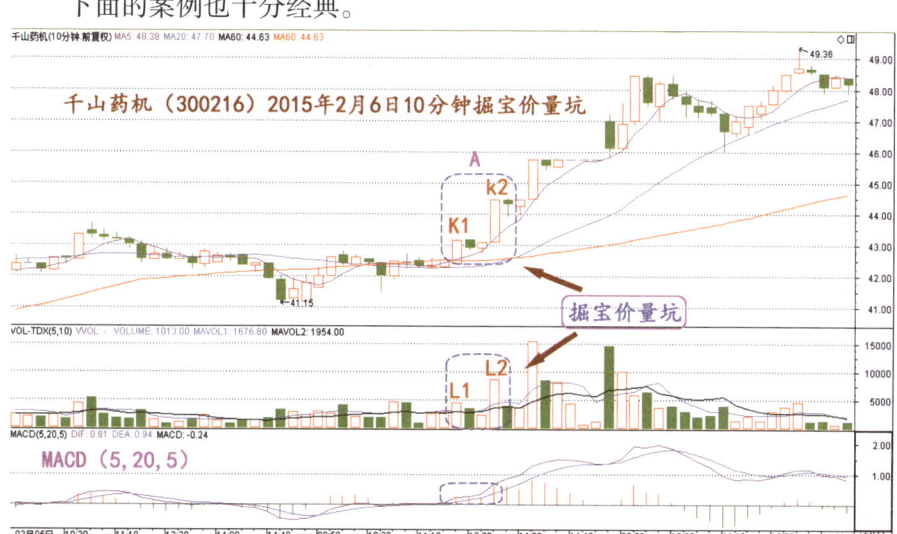

图 3-3

如图3-3，千山药机（300216）10分钟走势图显示，尽管走出分时掘宝形态之前，股价出现调整，并一度跌破60周期均线，但是60周期均线一直维持着缓慢向上的态势，表示行情发展，仍然在多方的掌控之下。

股价在2月6日13：00突然发力（A处），走出带量较大阳线，随后是前阴后阳缩量小K线，据此可判断A处较大阳线暂为价棒K1，对应的成交量作为量柱L1；小阳线即可买入。当走出价棒K2、量柱L2时，表示分时价量坑已经造好，可积极追买直击涨停。

实战中，结合5分钟走势图，可更好地把握战机。

短线交易，结合5分钟走势，按照分时掘宝要点把握买进时机将更加从容。

91

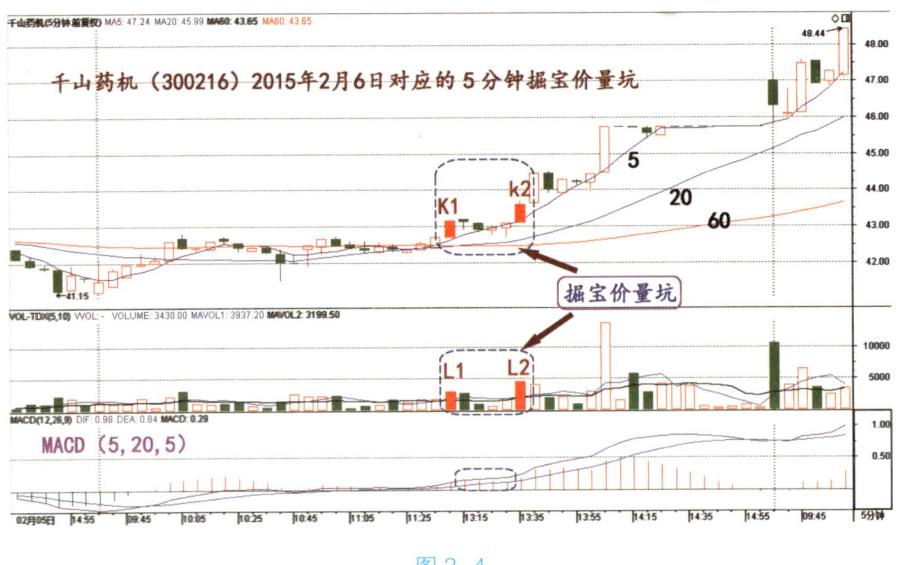

图 3-4

如图3-4，将千山药机（300216）10分钟分时掘宝形态，对应在5分钟走势图上，会看得更清楚，更利于把握战机。价棒K1、量柱L1之后，四根缩量回调小K线，就可从容买进，然后等待价量K2、L2出现即可。

买进之后，如果结合日线走势，发现股价刚刚向上突破盘区调整意愿将强，则可按照"T+1"交易法，次日高开了结。

第三节　和谐掘宝三要点

实战中，要想提高掘宝胜算，则必须符合价量和谐的要求。具体要点如下：

要点一：只有价量和谐，才能有效构筑分时掘宝形态。实战中，如果价棒K1、K2出现了，但是对应的量柱L1、L2没有同步出现，则价坑量坑不和谐，上攻力度较弱，当日涨停板概率较低，投资者要降低市场获利预期。

第三部分 狙击涨停篇

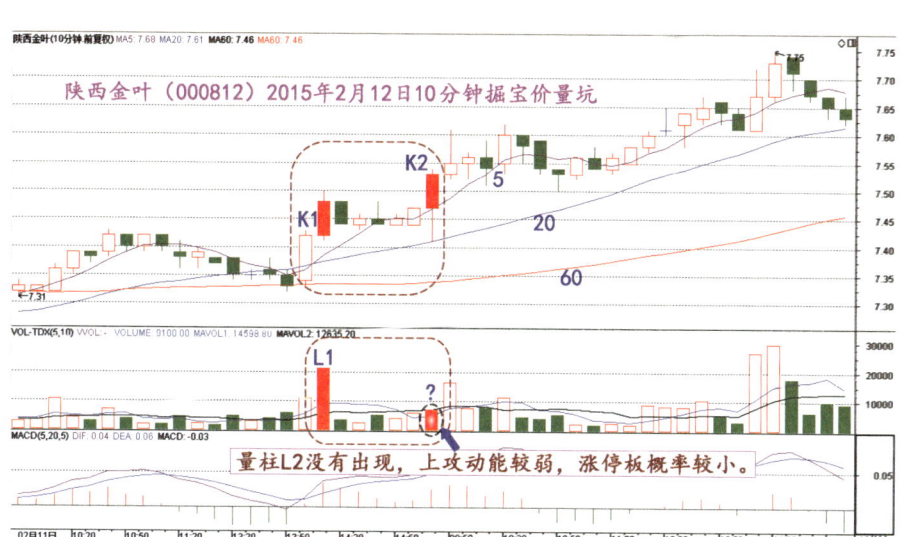

图 3-5

如图 3-5，在陕西金叶（000812）10 分钟走势图上，构筑价坑的同时，量柱 L2 却没有同步出现。缺少了量柱 L2，价量组合不和谐，尽管随后，"补充"了一只较大的成交量，但是并不是真正的价量同步齐升型，分时掘宝潜力大打折扣。随后，尽管股价还是继续上涨了，但是动力不足，无法涨停，当日（2015 年 2 月 12 日）涨幅只有 4.82%。

总之，"价量和谐共振"，是分时掘宝的关键特征，尤其对于分时走势而言，关系到当日能否大幅上涨直至涨停。

要点二：坑内成交量萎缩得越严重，与 L1、L2 对比越明显；股价波动空间压缩越显著，随后，上攻力度通常越强，越容易涨停板。这就是所谓的"坑底越平坦，上涨越激烈"现象。

如图 3-6，深康佳 A 10 分钟走势，在 2015 年 1 月 6 日出现分时掘宝形态，之后股价当日涨停。仔细研究不难发现，该价量坑是一个完美的上攻信号，在 K1、L1 之后，股价一度被严重压缩，几乎呈一条线，对应的 MACD 指标，两线黏合至天衣无缝状态；成交量在量均线之下，

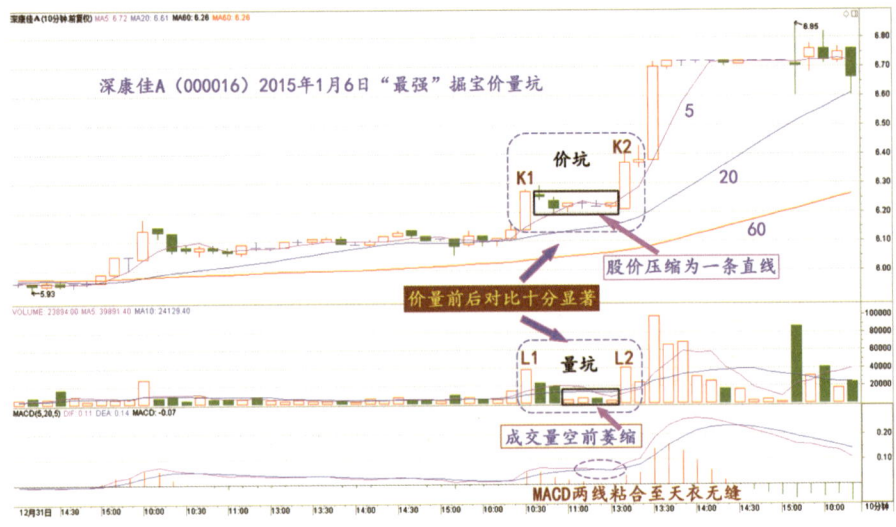

图 3-6

呈极限性萎缩，说明场内可卖的筹码几乎没有了。调整阶段，价量特征与脉冲式 K1、L1 价量组合形成鲜明对比。那么此间试探性买进，就是实战高手大胆率性之举。一旦价量再次脉冲式放大，拉出 K2、L2，则随后涨停的概率将大大增加。实际上，随后 20 分钟内股价及时涨停，乃平坦坑底掘到异宝。

要点三：如果股价调整到价棒 K1 的实体下沿处，方止跌企稳，表示坑内接盘动力稍弱，要通过量柱 L2 后的价量齐升，来弥补不足，否则加仓要谨慎。

图 3-7 显示，在中铁二局（600528）10 分钟走势图上，参数 5、20、60 三根均线多头排列，上升趋势维持良好，价棒 K1、量柱 L1 出现之后，20 分钟内成交量缩回到量均线之下的"坑内"，同时股价调整到价棒 K1 的实体下沿获得支撑，显示上攻动力较弱，买进需谨慎。

好在随后价棒 K2、量柱 L2 同步出现，并且价量齐升，才可安全加仓，股价当日涨停。

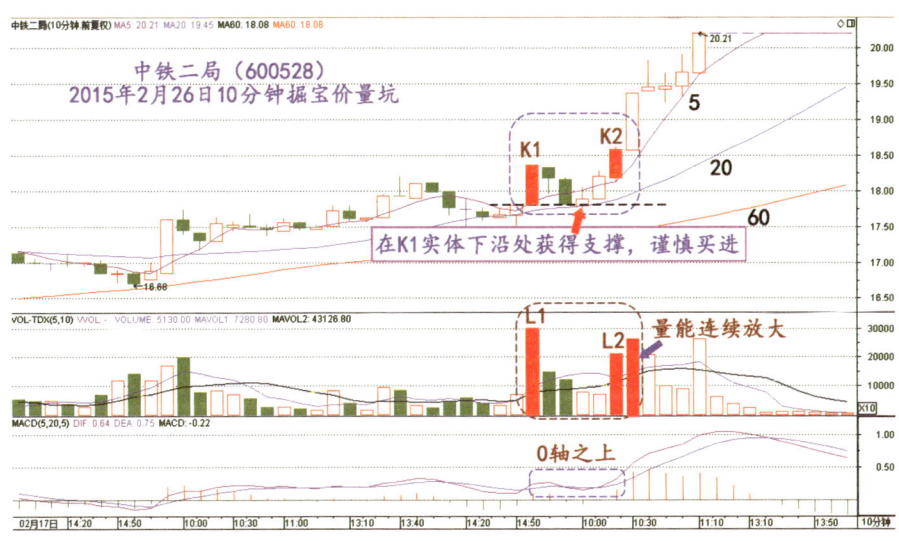

图 3-7

补充：当 5、20、60 的均线呈现空头排列，即 60 周期线 >20 周期线 >5 周期线，或 5、20 周期均线处于 60 周期均线之下时，分时掘宝形态的安全性较低，可考虑放弃。

第九章 分时起惊雷

——分时涨停攻略

把握涨停板,是很多短线客的梦想和追求,很多人研究盘口技术,但是瞬息万变的盘面状况,处处都有主力埋下的操作陷阱,一不留神,就会误入其中。事实上,没有无缘无故的上涨,也没有无缘无故的下跌,涨停板,更是一种操盘意图的体现。只要能够了解其精髓,明察市场动向,即可把握短线快速盈利的机会。涨停路千条,可能最适合自己的没几条。而"分时起惊雷",是笔者认为最适合投资者的实战模式之一。

"分时起惊雷",讲究的就是"出其不意"。既能快速越过前期的套牢区域,又能够惊艳亮相、一展武功,吸引场外资金积极参与,为激活场内筹码提供支持。因此,在探底阶段,主力经常利用"分时起惊雷"来回"绞杀"跟风筹码;在过顶阶段,通过"分时起惊雷",快速脱离顶部区域,不至于筹码出现太大松动,而影响主力操盘大局。

"分时起惊雷"模式,通过图表走势综合判断极端上涨,经常成为伏击涨停板的重要方法之一。

第一节　分时惊雷三要点

位置特征

股价处于某一阶段性底部区域，或上升途中一个重要支撑位置，以及向上突破趋势线压制的区域等。比如股价回落到前期高点、低点位置以及黄金分割目标值附近等。

在快速拉升之前，分时走势不温不火、横向整理，既上涨疲乏，又无力下跌，处于严重胶着状态。这种情况下，就要枕戈待旦，严密关注后市发展。

指标状态

5、20周期均线横向缠绕，股价围绕5、20周期均线上下摆动；

布林线BOLL通道收口至最小状态；

MACD指标快慢二线，在0轴上方或0轴附近趋于严重钝化，或几乎完全重叠。

构筑三阶段

分时起惊雷形态，可分为三个阶段：价量收缩阶段、暗流涌动阶段、惊雷起爆阶段。

价量收缩阶段

股价开始横盘整理，波动幅度越小，攻击动力越足。在此期间，主力常以小单进出，来麻痹对手、收集筹码。对应的股价区间，振幅不超过3%；成交量一度萎缩至地量状态。

暗流涌动阶段

随着时间推移，成交开始活跃，但是股价走势，仍然不显山露水。

惊雷起爆阶段

分时一旦启动，即以迅雷不及掩耳之势摆脱之前的盘区，成交量爆发，价格呈现跳跃式上涨，宣告分时起惊雷，股价开始冲击涨停板。

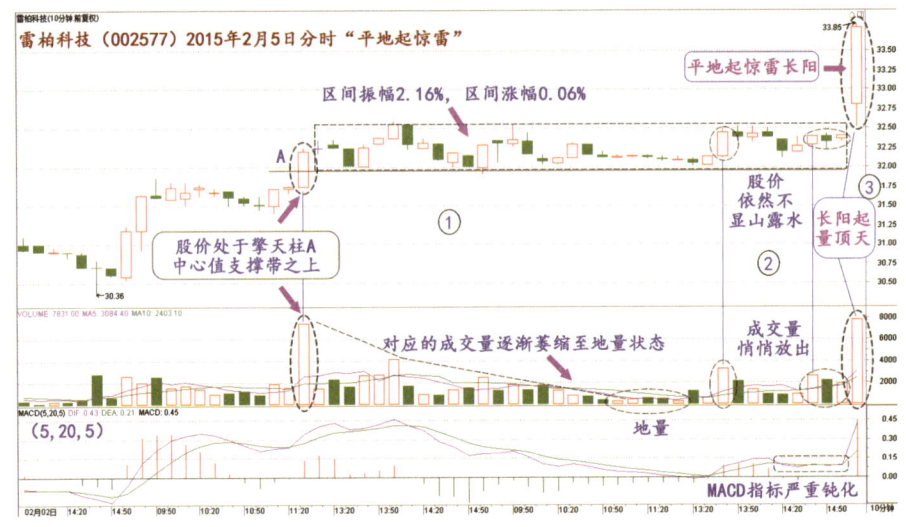

图 3-8

如图 3-8 所示，雷柏科技（002577）10 分钟走势图，在 2015 年 2 月 5 日完成分时起惊雷形态。可看到三个明显的运行阶段。

首先，股价横盘整理期间，波动幅度越来越小，区间振幅只有 2.16%，几乎没有上涨。在此期间，成交量逐渐萎缩至地量状态，股价波动幅度趋于零，显示场内交投极度清淡。这就是价量收缩阶段（见图 3-8 中①部分）。

随着时间推移，我们看到成交量悄悄放出，显示做多动能增加，但是对应的股价依然不温不火，蛰伏在前期高点之下。同时，我们看到 MACD（5、20、5）指标快慢二线甚至在低位一度严重钝化，呈一条横线状。这就是所谓的暗流涌动阶段（见图 3-8 中②部分）。

股价终于在 2015 年 2 月 5 日开盘 10 分钟内突然启动，成交量较前一日放大3倍以上，人气空前活跃，股价冲天而起，进入惊雷起爆阶段。

为了有效地提高实战效能，在K线走势图上叠加布林线BOLL（见图3-9），可明显看到随着BOLL通道开口逐渐缩小，成交量同步趋向萎缩，市场动能逐渐消散，价量正常收缩，横盘将继续；当BOLL通道开口缩到极限时，预示着物极必反随时准备上演。此时，发现成交量蠢蠢欲动且暗流涌动十分明显，这样市场能量越聚越多，股价波动空间却越挤越小，市场爆发的概率则越来越大。

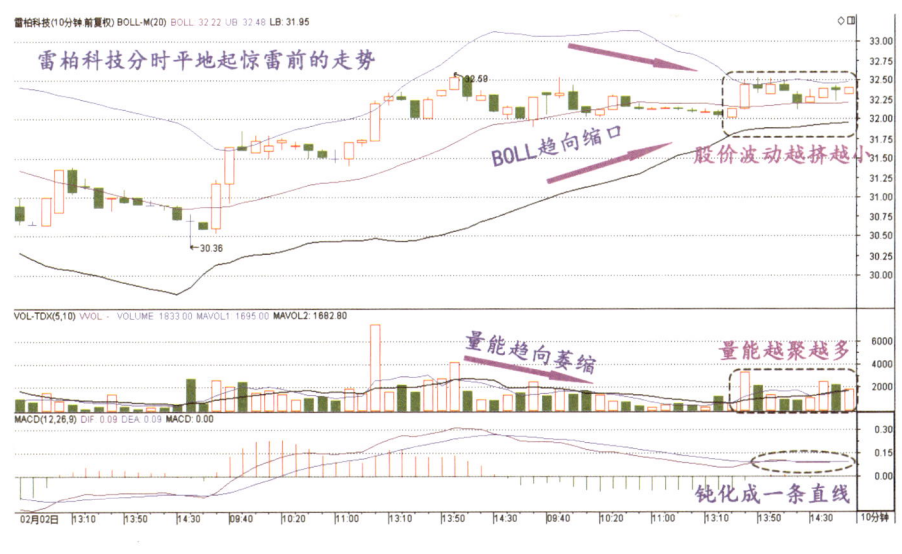

图 3-9

如图3-10，当价量被挤无可挤，压无可压的时候，就是股价彻底爆发的时候。当然，上涨趋势中，爆发式上涨的概率是最大的。

在此要强调的是，在分时涨停板实战中，不要放弃任何一个价量收缩后暗流涌动的股票。

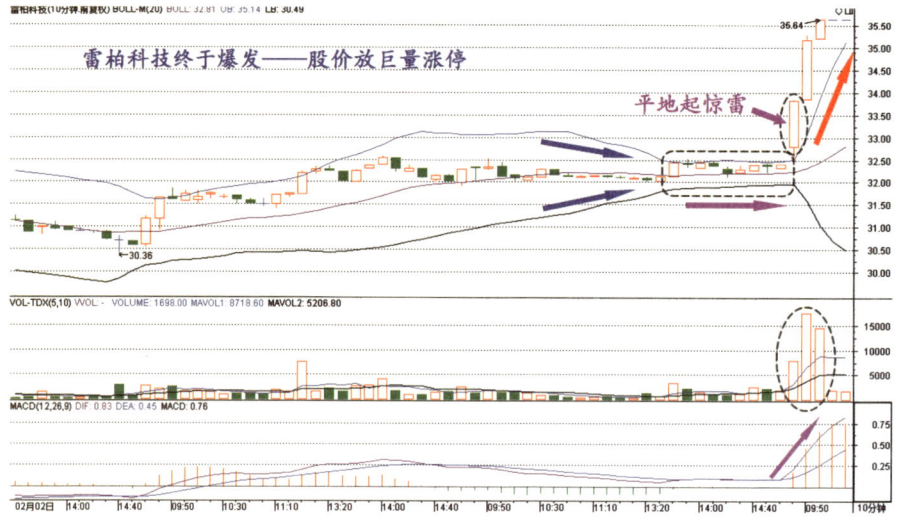

图 3-10

第二节 "足下"起惊雷

市场走势千差万别，拿一种战法去套所有的走势，显然是远远不够的。但是，尽管涨跌无定式，可波动有规律。分时起惊雷也一样，不同形态，对后续市场走势的影响不尽相同。下面首先就实战价值最高的分时起惊雷形态之一的"足下起惊雷"市场涵义及实战要领，进行详细阐述。

"足下起惊雷"形态，通常出现在股价中长期下跌之后，或波段回调过程中的探底阶段。也就是说，股价新的上升趋势尚未形成时，"分时惊雷"打响了上涨的第一枪。

形态特征

股价经过中长期下跌之后，在 60 周期均线或 120 周期均线下方横向运行一段时间，三根均线构成一个"足"字形。然后一支带量长阳线一举

第三部分　狙击涨停篇

突破均线组压制，脱离盘区、快速上攻。

通常状况下，由于此种走势耗费多方动能较多，而且从中长期来看，股价仍旧处于探底阶段，尚未脱离下降格局，那么股价很可能会再次调整，因此可首先按照T+1原则博取短差。

实战意义

第一，把握短线涨停板机会。

第二，发现中长线建仓区域。该股将以分时起惊雷为契机，开始构筑底部，为中长线上涨收集筹码、集聚动能。

如图3-11，游久游戏（旧爱使股份600652）从2014年12月30日13∶30开始横盘整理（见图中A处），一直持续到12月31日收盘。同时，从31日14∶00开始，成交逐渐趋于活跃，但是，对应的股价却依旧不温不火，继续小幅度横盘。

2015年1月5日开盘之后，股价继续横盘整理，但是成交量明显放大，显示股价进入暗流涌动阶段。从10点开始，成交量显著放大（量比达到2∶1），股价快速上攻，一举突破5、20、60周期均线的压制，宣告分时起

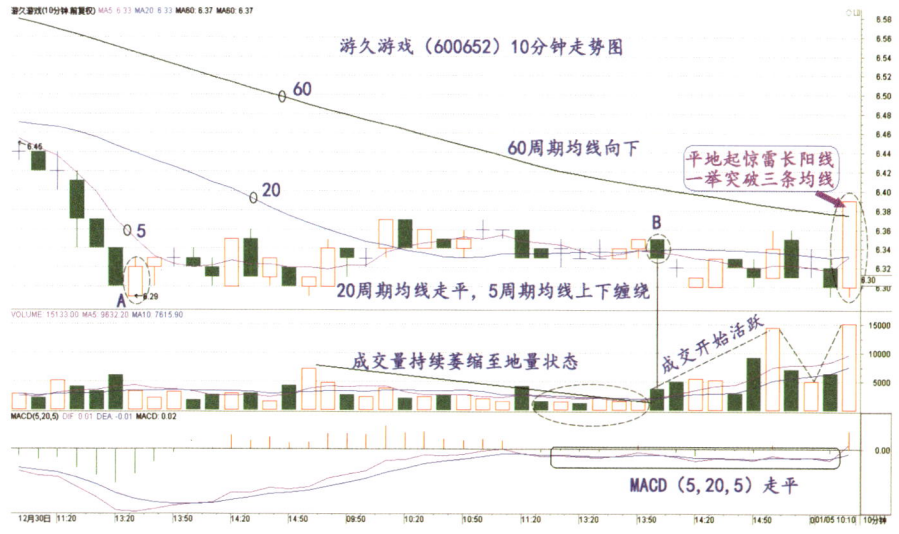

图3-11

惊雷形态完成，发出冲击涨停信号。

在此期间，三根均线构成一个明显的"足"字形，长阳线就从脚底升起来。因此，笔者称之为"足下起惊雷"。

再看图 3-12，足下起惊雷之后，股价继续快速带量上攻，最终在两点半涨停。实战中，投资者要在"足下惊雷"长阳当时，以及随后 10 分钟内果断入场。

图 3-12

同时，图 3-13 显示，该股日线走势处于中长期下跌趋势中，尽管股价在 250 日均线附近获得一定支撑，但是股价下降趋势尚未完全扭转。

再加上分时走势属于"足下"起惊雷态势，因此，即便股价当日涨停，也难以立即转下跌趋势，可按照 T+1 操作原则，第二天逢高出局。接下来，股价很可能再次回落探寻筑底。

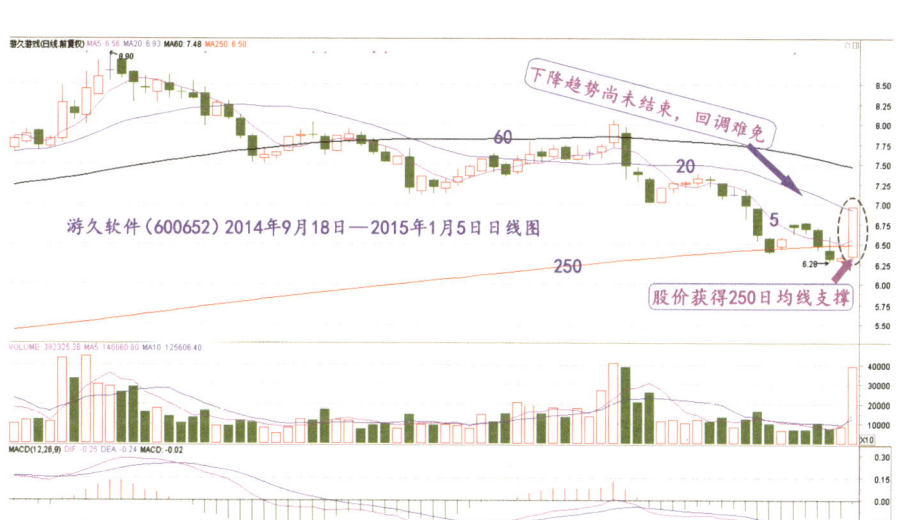

图 3-13

第三节 "掌上"起惊雷

"掌上"起惊雷,也是一种实战价值极高的分时起惊雷形态,通常出现在过顶阶段,也称为"过顶惊雷"。即在前期阶段性高点区域,股价展开横盘整理,价量极限性收缩后,惊雷长阳拔地而起。

形态特征

股价在60周期均线上方,走出惊雷长阳。60周期均线弯曲向上,就像一只手掌一样,托起整个形态,故称为"掌上"起惊雷。

具体而言,股价缠绕着5、20周期均线,在60周期均线上方运行,60周期均线走平或向上,股价偶有跌穿随即收回。随着横盘整理持续,一只长阳线脱离盘区创出新高,分时成交量显著放大(至少放大1倍以上),完成分时起惊雷。

同时,这是上升途中,股价暂时休整之后的再次启动。因为先前的上升趋势尚未破坏，那么，一旦惊雷再起，做多动能则再次爆发，后市将继续惯性上冲，通常力度要强于"足下"起惊雷形态，更容易出现涨停板。

实战意义

第一，把握盘中涨停板机会。

第二，发现中继性加仓区域。股价将以分时"掌上"起惊雷为契机，加速上涨。

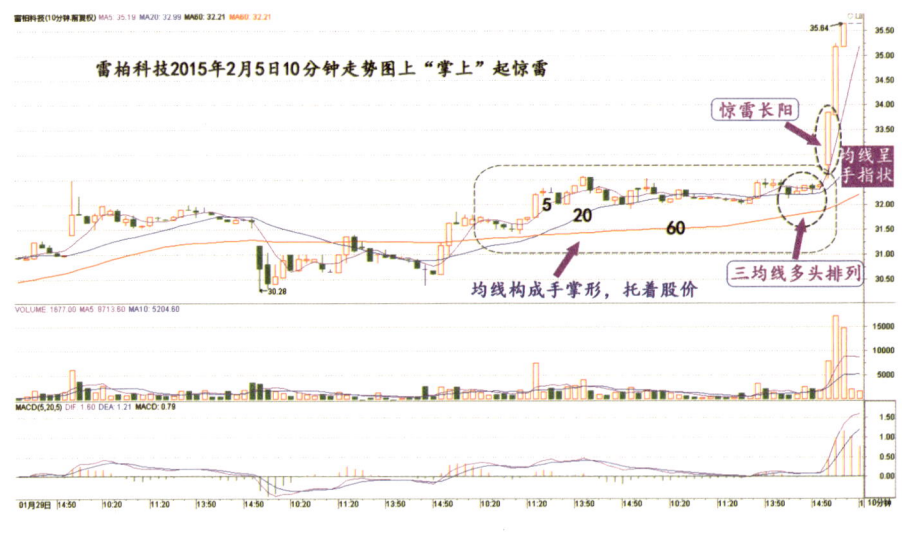

图 3-14

如图 3-14 所示，5、20、60 周期均线组成一个向上的手掌，在带量长阳向上突破的时候，5、20 均线就像两个手指头一样。故称其为"掌上"起惊雷。

交易策略

惊雷长阳出现之时，均线组呈现多头排列态势（5>20>60），具有明显的助涨作用，为随后爆发式上攻提供了支持。如股价当日涨停，那么，随后也将依惯性继续快速上涨，因此，持股时间可适当拉长。交易中，投资者要多加关注此类分时走势。

第三部分　狙击涨停篇

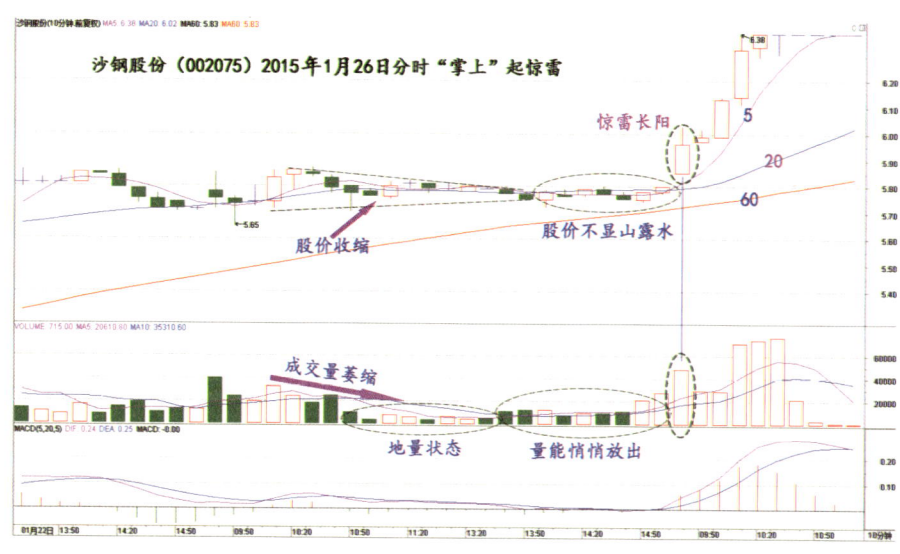

图 3-15

如图3-15,沙钢股份(002075),在2015年1月26日上午开盘前10分钟,即走出"掌上"起惊雷带量长阳线,一举突破盘区,创出新高,打开上行空间,当日涨停。更重要的是,该股从此步入牛股上涨行列,短短一个半月,股价上涨两倍,从6元多涨到18元多。

分时交易要领总结

买进要领:

1.投资者要把握分时起惊雷当期以及随后10分钟的买进机会,积极迎接涨停希望。

2.如果股价没有出现连续放量拉升,反而收盘时跌穿"惊雷"长阳线实体下沿,则表示此为诱多骗线,短线客要在次日开盘即迅速止损出局,以防被套其中。

3.实战中,可结合5分钟走势图进行综合判断,这样可以更加及时地发现和把握分时起惊雷模式带来的急速上涨。

卖出要领

1. 如果是下跌趋势中的短线触底反弹,那么,次日即可获利出局。

2. 如果中长期趋势向上,随后可以逢高点获利了结,也可以切换到日线模式下稳定持股,大趋势不扭转则不卖出。

第四节 把握暴跌之后的涨停板机会

有时候,市场暴跌,犹如雪崩之灾,大多数投资者根本来不及躲闪即被"扣"其中。程序化交易+场外配资泡沫破裂导致的非理性下跌,犹如一根拉长的弹簧突然被压缩到极限。一旦外力减弱或撤除,极容易引发报复性反弹。

比如,2015年6月到9月之间,市场经历两轮疯狂杀跌,短短两个多月,上证指数即"丢了"2300多点,很多股票价格被腰斩,进入严重超卖阶段。一旦市场跌势收敛或出现一定反弹,报复性涨停板有望随时"上演"。

具体而言,总有一些票,一旦获得"些许"拉升理由,比如8月份受到国企改革等题材刺激,10月初受到新能源汽车政策等刺激,很多个股率先跃出战壕,直奔涨停而去,甚至出现多个涨停板。此时,不论是"足下起惊雷"还是"掌上起惊雷"均威力凶猛,不可小觑。

相信在广大股友的投资生涯中,遇到这样的机会是很少的。那么,买入之后,要牢牢把握可能的连续涨停板机会。因为这是市场好久都没有上演过的好戏,更容易得到市场的疯狂追捧,从而有望连续涨停。

首先要注意的就是,外力强势介入终结市场暴跌(管理层强力救市),导致股市企稳回升,此为考虑入场的重要前提。

2015年6月之后大盘狂跌期间,管理层重拳救市,7月8日一天出七大利好，多部委齐上阵力挺A股止跌。其中，7月8日央行发言人"关于支持股票市场稳定发展的声明"分量最重。据公开报道，中国人民银行新闻发言人指出，"为支持股票市场稳定发展，中国人民银行积极协助中国证券金融股份有限公司通过拆借、发行金融债券、抵押融资、借用再贷款等方式获得充足的流动性。中国人民银行将密切关注市场动向，继续通过多种渠道支持中国证券金融股份有限公司维护股票市场稳定，守住不发生系统性、区域性金融风险的底线。"（央行网站）

7月9日就有很多个股直奔涨停板或从跌停板价启动到封死在涨停板。下面介绍今年暴跌之后的三大涨停板特征。

特征一：重大利好当日，跌停板处大资金巨量吸筹，为随后涨停板奠定基础

比如，黑猫股份（002068），从6月15日最高的14.4元快速下跌，17个交易日缩量跌至5.23元，跌幅将近70%，股价被严重"挤压"至前期中长期底部区域的边缘。7月8日出重大利好，大资金在跌停板处巨量吸筹，致使跌停板几度打开。次日开盘"一"字封板。

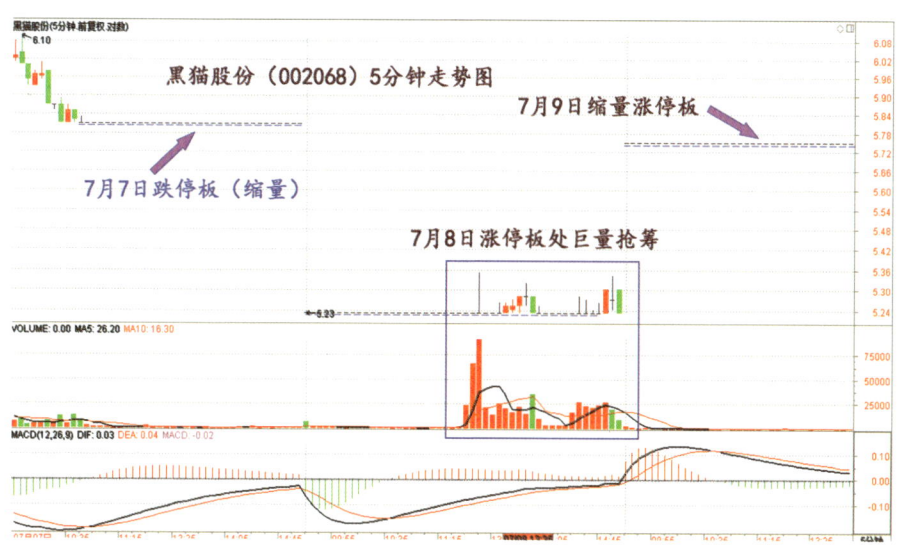

图3-16

如图3-16，黑猫股份（002068）在2015年7月7日缩量跌停，之后的7月8日，借着重大利好的东风，跌停板处涌现大量买盘，成交量显著放大（图3-16中方框处），这是本轮下跌以来没有见到过的"景观"。果然，7月9日开盘即封在涨停板上。

类似的案例比比皆是，再如瑞泰科技（002606），股价5月24日见顶35.5元，短短10个交易日跌至11.8元。7月8日重大利好当日"一"字跌停板，大资金在次批量买入。次日股价封在涨停板上。（见图3-17）

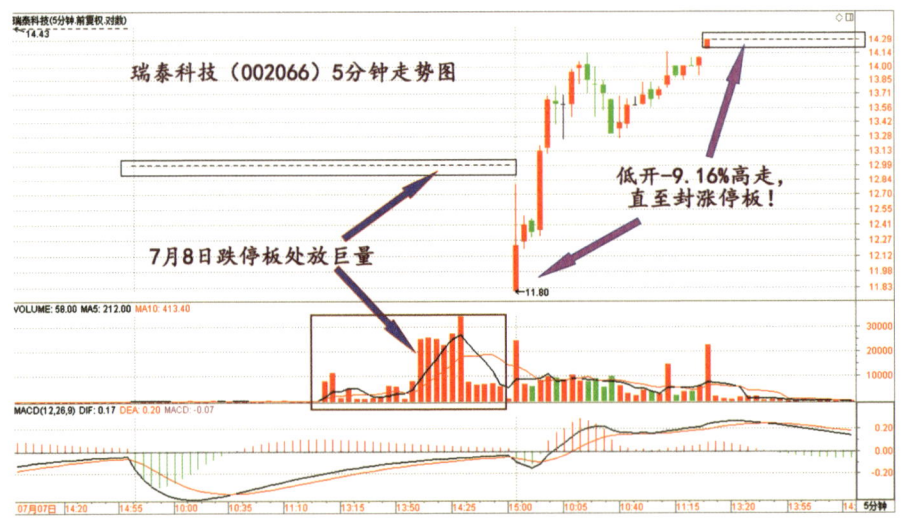

图3-17

实战总结：在重大利好当日，场内投资者依然慌不择路、踩踏性卖出的时候，大资金趁机入场囤积廉价筹码。此时，即为短线买进机会，可持股到上涨（涨停）趋势结束。

特征二：8月份，随着市场信心回升，国企改革、证金持股等催生热炒概念股

相关案例比如瑞泰科技（002066），总股本只有2.31亿，属于国企改革收益标的。控股股东为中国建筑材料科学研究总院(39.69%)，实际控制人为国务院国有资产监督管理委员会(持有中国建筑材料集团公司

第三部分 狙击涨停篇

100.00%）。类似于这一种股本袖珍型央企级股票，一定是题材炒作格局下市场不可或缺的关注焦点。

如图3-18，8月19日瑞泰科技（002066）在90周期均线附近"掌上起惊雷"，创出新高（见A处），一口气上涨6个交易日，其中4个涨停板。实战中A处即为追涨位置。（日线走势见图3-19）

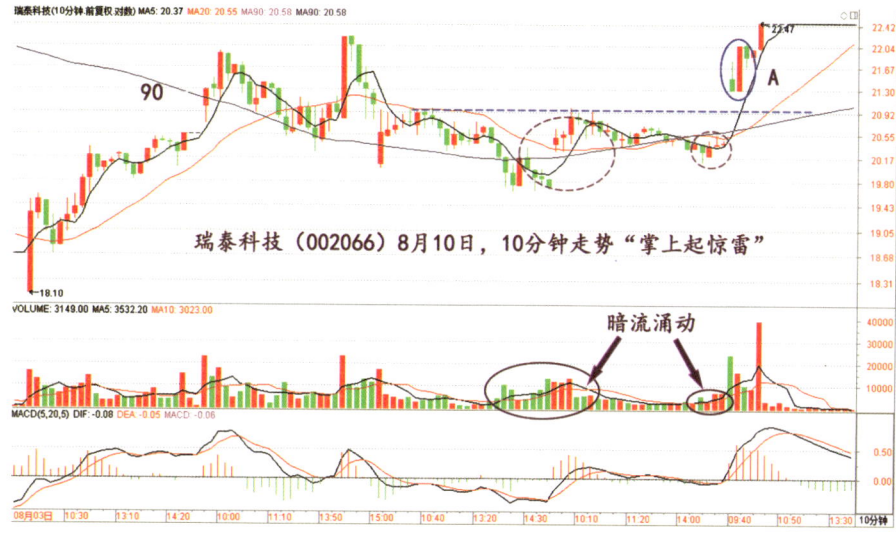

图3-18

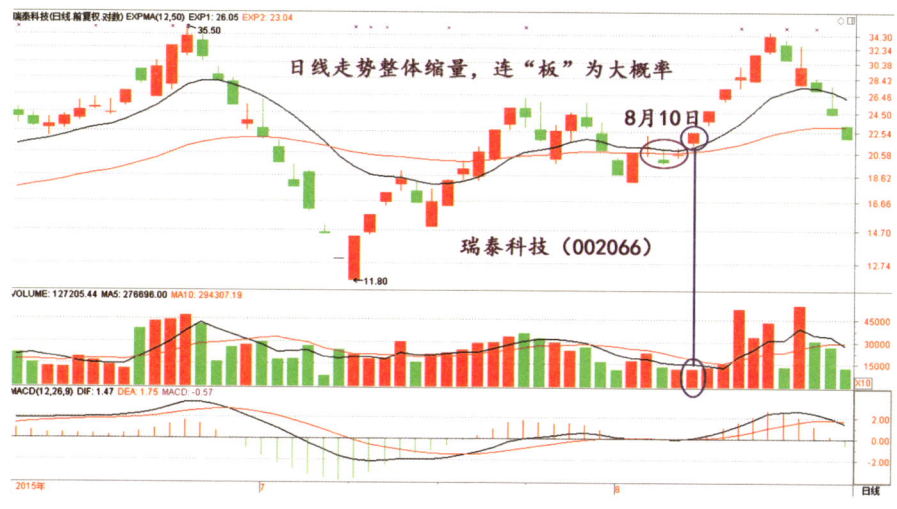

图3-19

如图 3-19，日线走势图显示，瑞泰科技经过 2015 年 7 月初以来较大幅度波段反弹之后，再次在 8 月 10 日开始上攻。涨停板对应缩量很理想，该状况通常会换来连续涨停板。

再有就是，自 2015 年 6 月下跌以来，最大的护盘主力，即证金公司介入的票，案例如梅雁水电（600868），持仓状况一经曝光，即成为市场炒作焦点，随后飙涨。

公司 8 月 4 日公告称，根据向中国登记结算公司查询的股东名册结果显示，截至 2015 年 7 月 31 日，法人股东中国证券金融股份有限公司持有本公司股份合计 9826800 股（占总股本的 0.52%），为目前公司第一大股东。

闻此消息，股价随即拉开涨停帷幕。随后 10 个交易日股价上涨 152%。

首先，梅雁吉祥日线走势出现足下起惊雷态势。为波段上涨奠定良好的基础。

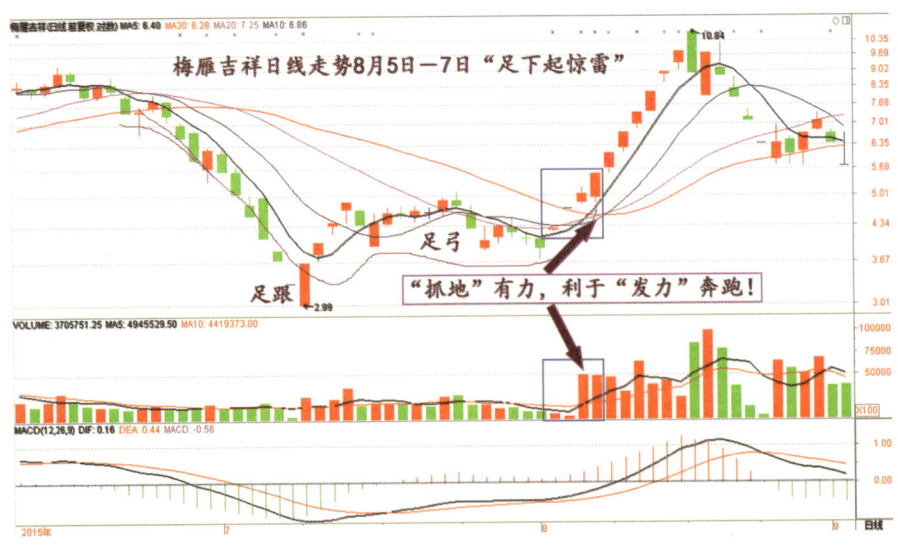

图 3-20

图 3-20 中显示，8 月 5 日至 7 日之间，连续两个"一"字涨停板，完成日线"足下起惊雷"形态，波段反弹主升浪就此确立。

第三部分 狙击涨停篇

那么，如何把握分时买点呢？

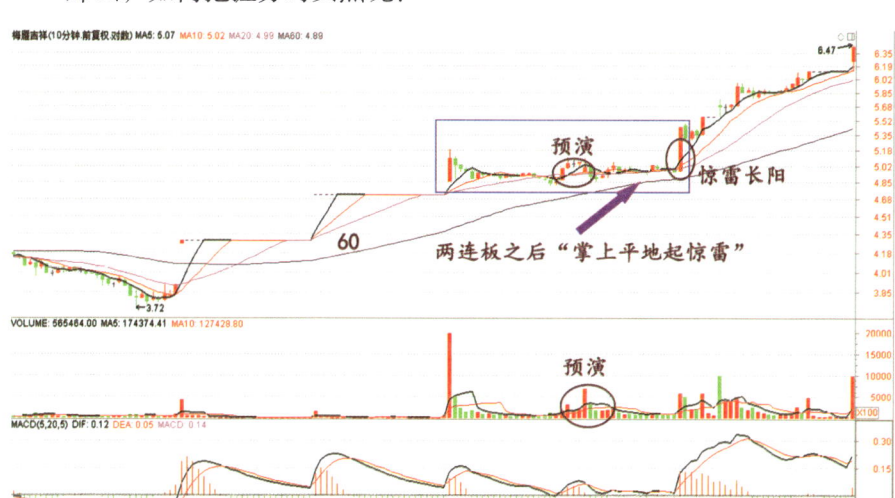

图 3-21

如图 3-21，分时图显示，自公告证金公司成为公司大股东之日（8月4日）起，股价连续两个"一"字涨停板。一般是根本不可能买进去的。只有8月7日（图 3-21 中方框处）横盘期间才有机会。但是，很多投资者一看股价横盘了，可能就打退堂鼓了。实际上，两个"一"字板后，主力拉升之前需要做筹码收集和置换，以便聚集能量。因此，当出现"掌上起惊雷"形态，股价放巨量快速拉起时，即为中途买进机会。随后再来6个涨停板。

实战中，实际上这种极端性暴跌之后的保障行情遇到的机会较少。因此，正常格局下，平地起惊雷之后的涨停板，通常不会有这么多。但是，只要方法得当，只要是理性分析的结果，那么随后到底涨不涨停板，涨几个停板有那么重要吗？

特征三：市场大幅度杀跌之后，"宏观（产业）政策利好"叠加"估值修复预期强烈"，催生飙涨标的

2015 年底，9月底 10 月初，国务院新能源汽车利好密集释放，相关

111

个股疯狂表演。以下为9月到10月初新能源汽车的相关政策：

1. 9月23日：新建住宅停车位100%建设或预留充电设施。（国务院）

国务院总理李克强9月23日主持召开国务院常务会议，部署加快电动汽车充电基础设施和城市停车场建设。会议确定，新建住宅停车位建设或预留安装充电设施的比例应达到100%，大型公共建筑物、公共停车场不低于10%。

2. 9月29日：小排量车购置税减半不能限行限购新能源车。（国务院）

国务院总理李克强9月29日主持召开国务院常务会议，会议决定：一是完善新能源汽车扶持政策，支持动力电池、燃料电池汽车等研发，开展智能网联汽车示范试点。机关企事业单位要落实车辆更新中新能源汽车占比要求，加大对新增及更新公交车中新能源汽车比例的考核力度，对不达标地区要扣减燃油和运营补贴。创新分时租赁、车辆共享等运营模式。各地不得对新能源汽车实行限行、限购，已实行的应当取消。二是从2015年10月1日到2016年12月31日，对购买1.6升及以下排量乘用车实施减半征收车辆购置税的优惠政策。

3. 10月19日：国务院办公厅印发《关于加快电动汽车充电基础设施建设的指导意见》。

《关于加快电动汽车充电基础设施建设的指导意见》明确指出，到2020年，要使全国充电设施满足500万台电动汽车充电要求，并提出建设"适度超前、车桩相随、智能高效"体系的要求。这是继2014年7月《国务院办公厅关于加快新能源汽车推广应用的指导意见》以来覆盖全国的第二次新能源汽车行业重磅性政策指导。

如此密集的宏观扶持举措很少见到！因此，在"宏观产业政策重大利好"以及"股价被腰斩后估值修复预期强烈"双重因素助推下，相关概念股很容易飙升。

第三部分　狙击涨停篇

在此氛围下，把握涨停板，成功概率是非常高的。比如科泰电源（300153）。

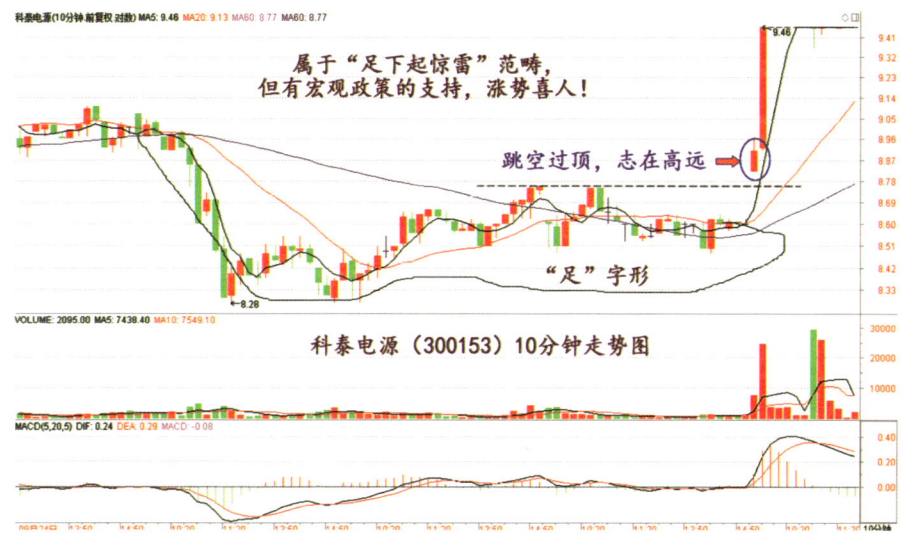

图 3-22

如图 3-22，9 月 30 日，科泰电源（300153）10 分钟走势图上股价和均线系统构成一个"足"字形走势。然后一根跳空阳线开盘突起即为介入机会，随后带量上攻即涨停。之后连续走出五个涨停板。

实战总结：通过以上信息看到，一个行业如果在某一阶段受到国家管理层密集重视和大力扶持，那么它一定是未来的朝阳行业，对应在二级市场上，该板块拓展上升空间为大概率。尤其当大盘系统性风险已经大大释放之后，那些估值修复预期强烈以及主力控盘良好的标的。

还有一些股价非常抗跌，并没有随大盘一起沦陷的"牛坚强"们，一旦大盘好转或短暂反弹，即率先涨停。此类票也是市场十分青睐的短线热点。

这些股票的特点很鲜明，那就是大盘下跌，它随之调整，大盘反弹，它则创出新高，甚至历史性新高。该类股票的最大实战价值就是突破创新高。因此，一个是低位突破，次低位买进持股，一个是创历史新高介入。具体案例分析如下：

1. 洛阳玻璃（600876）

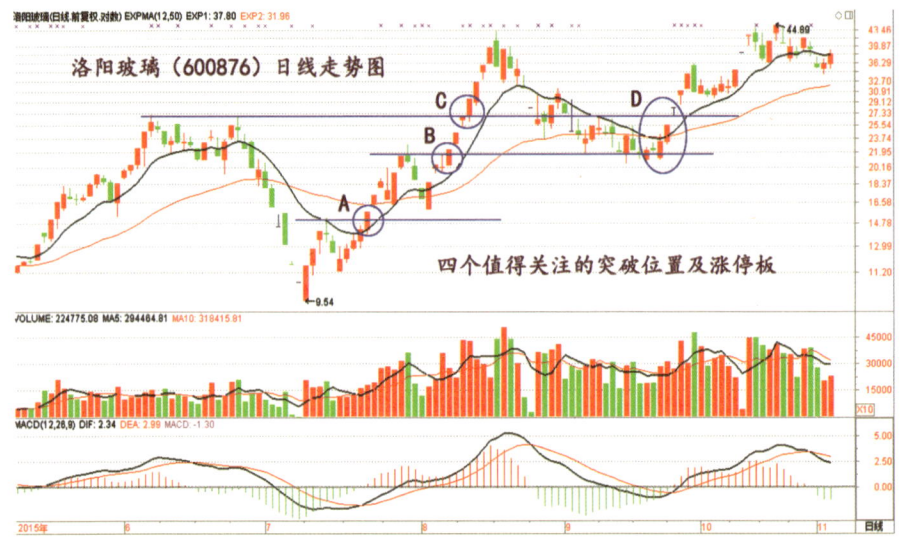

图 3-23

从图 3-23 中看到，洛阳玻璃在日线上涨途中有 ABCD 四次向上突破的机会。其中 C 处的突破创出历史新高。D 处回踩 B 处涨停阳线，获得可靠支撑再次启动。每一次都是较好的买进机会。

下面，就以 8 月 7 日（B 处）的涨停阳线来做分时"平地起惊雷"实战解析。

如图 3-24，洛阳玻璃（600876）10 分钟走势图中 A 处，显示的是 2015 年 8 月 6 日第一根 K 线伴随巨量的低开高走长阳线。尽管随后股价调整，但是跌穿该阳线开盘价后的下跌幅度与该阳线实体的幅度相当，这表示尽管股价展开震荡，但尚处于主力控制力范围之内。那么 8 月 6 日最后 1 小时（6 根 10 分钟 K 线）的横盘震荡就是吸货机会。8 月 7 日（B 处）第一根高开长阳线即突破前一日横盘高点，奔涨停去了。

第三部分 狙击涨停篇

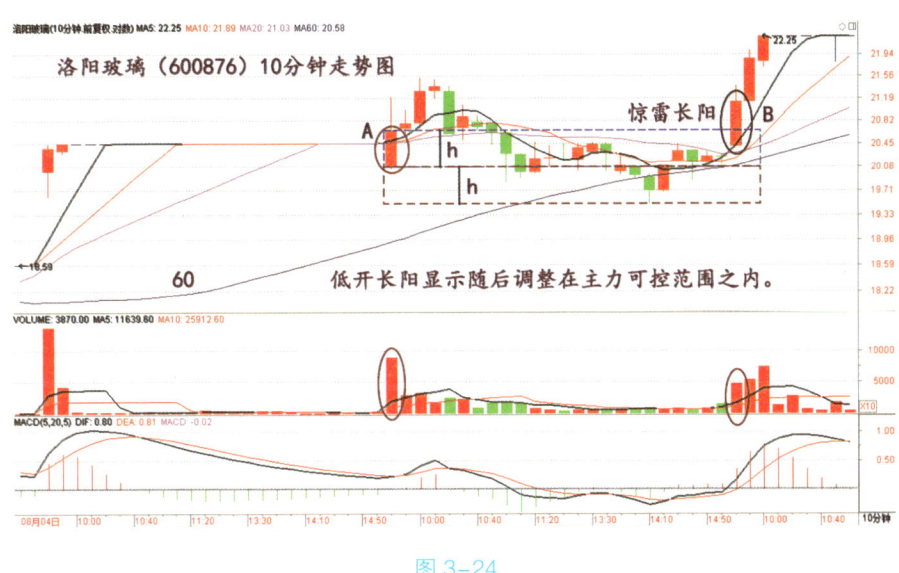

图 3-24

可见，实战中，在日线，甚至周线趋势明显走好的前提下，通过分时图表把握关键点位的交易时机具有较高的确定性。

2. 锦江投资（600650）

锦江投资（600650）是本阶段市场"牛坚强"的另一个代表。

图 3-25

115

图 3-25 中显示，锦江投资 2015 年 7 月随大盘反弹以来，日线走势中出现了 5 个堪称极品的买进机会。就拿最近的一个，就是 10 月 13 日创历史新高的涨停板来看，平地起惊雷长阳 K 线特征十分明显，而且很好把握。（具体分时实战如图 3-26）

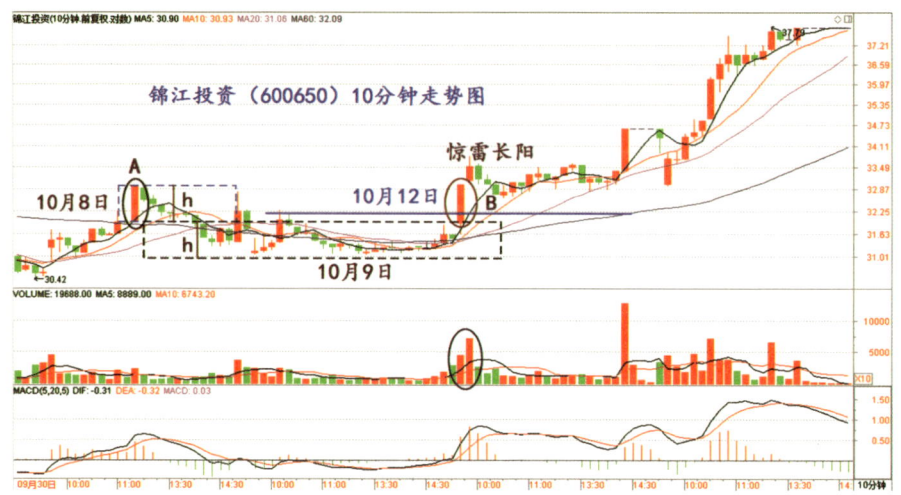

图 3-26

如图 3-26，在 10 分钟走势图上，10 月 8 日拉出的长阳线（A 处）成为分时高点，随后股价调整幅度并没有超越该长阳线的"势力范围"（同洛阳玻璃的分时性质是一样的）。那么，在 10 月 9 日震荡下行筑底阶段主力即开始介入。10 月 2 日一开盘即拉出"惊雷长阳"，突破 10 月 9 日横盘高点（B 处）股价开始了短线上扬，此时介入也是很好的选择。

3. 特力 A（000025）

特力 A 堪称 6 月份以来的 A 股市场第一"妖股"。作为被机构趁势严重操纵的个股，特力 A（000025）过山车式的波动，为很多投资者带来欢乐的同时又送去梦魇。

但是，如果能够把握住关键点位的涨停板，相信大家的体验会好得多。

首先，该股日线创出历史新高之后的回踩，具有十分明显的规律，显示主力控盘良好，买点就在其中。

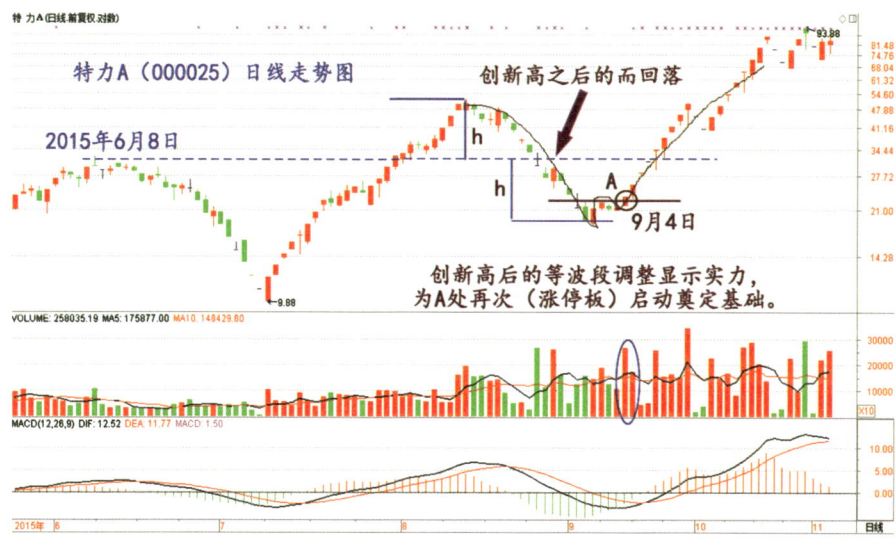

图 3-27

如图 3-27，在特力 A 的日线走势中，创新高之后的上涨，隐含了之后再次回落的下跌幅度（幅度见图 3-27 中 h），为再次介入提供帮助。2015 年 9 月 8 日，当股价在跌幅 h 处获得支撑，以涨停板的形式启动之后，

图 3-28

9月14日（A处）即为确定性买进机会。

如图3-28，在特力A的10分钟走势中，9月14日，价量齐升三连阳完成90周期均线之上的"平地起惊雷"，股价当日涨停。随后开始了高达308%的波段上涨。

总之，特殊时期，市场有特殊的波动特征。作为投资者，无论上一轮投资状况如何，都要心态归零，积极投入下一次分析交易之中。力争踏准节拍，向"人股合一"迈进。

最后，需要强调的是，股市有风险，投资需谨慎。未来只能预判，但不可预知。因此，无论何时何地，在买进之前都要计算风险收益比，选择对自己最有利的交易计划，并且设置止损位，然后严格执行之。只有这样才能稳定获利，在股市中越走越远。

附 录
APPENDIX

前面讲解的方法,基本上是从技术分析的角度入手的。但是,市场变化万千,"无常"即是常态。技术分析也有无能为力的时候,尤其当面临突发事件时。突发利好,接连涨停板,当然皆大欢喜。但是,当突发利空袭来时,技术手段统统失灵,人们往往手足无措。为此,笔者特别将"黑天鹅"事件发生后,如何分析、追踪,继而积极自救,以及趁势抓住投资机会等,给出一定的解读。以飨读者。

抓住"黑天鹅"投资机会

"黑天鹅"投资机会,就如黑天鹅一样稀少,因此要重视并抓住它。

——笔者

"黑天鹅"事件后,股价大幅下跌,但是基本面没有明显恶化,并且经常出现大股东增持,估值修复意愿强烈,股价通常大幅度回升,走出深坑。

17世纪之前,欧洲人认为天鹅都是白色的。但随着黑天鹅在澳大利亚的出现,彻底颠覆了这一固有观念。后来人们用"黑天鹅"事件(Black

swan event）来形象比喻那些出乎预料、但又具有重大影响力的事件。尤其是对于金融市场而言，"黑天鹅"事件产生的影响，经常大大出乎预料。

股市中时不时会出现一些"黑天鹅"事件。因其不可预测且极不寻常，突然发生后，对市场构成重大利空，短期内引发连锁反应，导致股价大幅下跌，市值快速蒸发。

具体而言，一是正常的上升趋势突然遭遇断崖式破坏，投资者经常被深套其中；二是落井下石般暴跌致使跌幅严重超出市场预期。无论哪种情况，短期内均导致股价严重偏离原来的运行轨迹，资产大幅缩水。

对于"黑天鹅"事件，有两个问题值得大家追踪和分析。

第一，如果"黑天鹅"事件在短期内并没有对股票的基本面造成重大的负面影响，之前股价或市场快速下跌主要是由于"恐慌+重众"心理引发的，那么踩踏性下跌之后，股价通常会迎来修复阶段。

第二，市场快速下挫，导致资产大幅缩水后，如果管理层能够在第一时间站出来澄清传闻或对负面信息积极辟谣、说明真相，或在短期内发布增持计划、完成增持，这对于股价短期内见底回升具有重大意义。

综合以上两点，再结合"价值回归"的基本原理，可得到初步的判断结论是股价跌幅越深，其投资价值、安全系数相对越高，随后的反弹或上涨也越可能超出预期。据此分析，"黑天鹅"事件发生后，对于基本面依然坚挺、管理层积极"自救"的上市公司而言，股价修复意愿将十分强烈。股价通常在"深坑"内不会休整太久即回归原来的运行格局，甚至创出新高。这就是"黑天鹅"事件背后的投资逻辑。下面举例具体阐述。

獐子岛（002069），灭顶之灾袭来，"一"字两连跌

獐子岛（002069）2014年10月30日晚间公告：北黄海遭遇异常的冷水团，公司105.64万亩海洋牧场遭遇灭顶之灾。股价复牌时，连续两个"一"字跌停板。

附 录

獐子岛（002069）2014年10月14日晚间公告称，公司拟披露与公司底播增殖海域相关的重大事项，具体情况正在核查当中，为避免引起公司股价异常波动，公司股票自2014年10月14日（星期二）开市起停牌。

2014年10月30日晚间，獐子岛正常披露三季报，称因为北黄海遭遇异常的冷水团，公司105.64万亩海洋牧场遭遇灭顶之灾，受此影响，公司前三季业绩"大变脸"，由上半年的盈利4845万元转而变为亏损约8.12亿。此公告一石激起千层浪，惹得资本市场一片哗然。虽有政府的表态救灾和第三方专家抽测核实，不少业内人士还是纷纷表示"惊呆"。因为在此之前，一切都毫无征兆。

应对措施

1. 为了对冲此次"黑天鹅"事件的损失，獐子岛拟采取包括董事长承担1亿元损失、高管自愿降薪、高管增持股份、推出员工持股计划等系列措施。

2. 公司称，此次灾情已经引起大连市政府和长海县政府的关注，两级政府表示，将出台一系列扶持和补助政策。

大连市政府11月3日召开长海县海洋牧场灾情分析会，就最大限度地减少灾情损失提出应对措施和办法。对此獐子岛表示，市政府救灾政策的出台对公司是极大的支持。具体措施：

（1）继续支持以长海县为重点的全域海洋牧场建设；

（2）在不断加强科研和海情海况监测的前提下，继续支持以长海为主的深海养殖项目，加大深海养殖开发方面的研发和投入；

（3）尽快落实向长海县下拨省、市政府已确定的海洋牧场建设扶持资金；

（4）尽快协调并研究推出海洋养殖抗巨灾保险品种，市财政按规定给予补贴，最大限度通过保险杠杆降低自然灾害对海洋养殖业带来的损失；

（5）长海县人民政府予以返还深水底播受灾海域的海域使用金3500

万元；

（6）灾害区中2015年新转的常规海域使用金将由原定的60元/亩，调整为10元/亩缴纳。2015年，公司预计海域使用金，成本将节省3804.17万元。

后续影响

据分析，獐子岛受此次"冷水团"事件影响的主要是2011年度底播的海域及部分2012年度底播海域，2013年度底播的海域不受影响。受灾影响主要将体现在2014年度内，对公司的未来经营业绩不会持续造成重大影响。但是，12月8日股票复牌之后依然连续两个"一"字跌停。

投资分析

董事长自愿承担损失，高管集体减薪，员工参与持股等措施，显示公司有担当，对未来有信心。大连市、县两级政府迅即出台一系列救灾政策措施，也有利于公司基本面快速企稳走向正规。因此，尽管公司基本面受到了一定的影响，但是并不会长期持续恶化，希望尚在。

而且，复牌之后，股价经过断崖式下跌，恐惧情绪得到充分宣泄，做空动能充分释放，股价再次回到2013年7月历史性底部区域，获得支撑

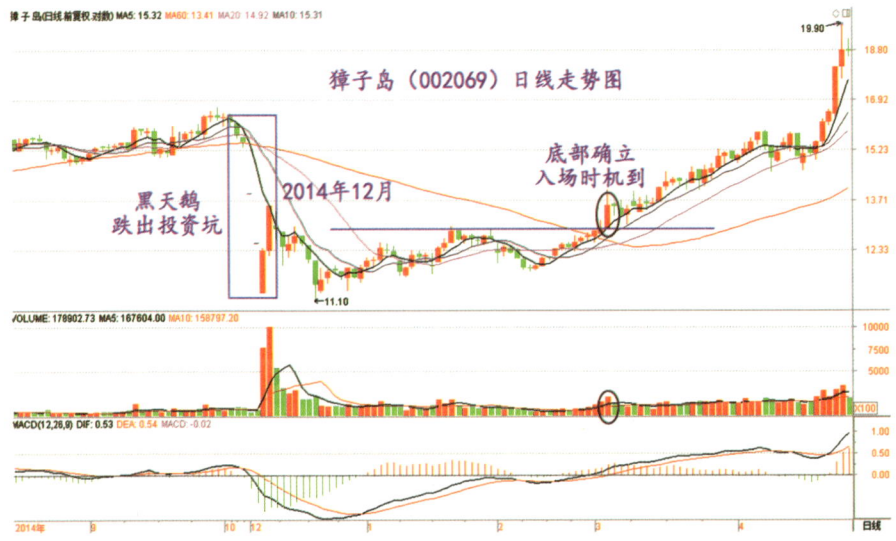

图 1

止跌筑底。一旦筑底完成，上升趋势回复，按照中枢回归原理，股价至少将涨回到"黑天鹅"来袭之前的水准。（见图1）

如图1，獐子岛（002069）日线走势图显示，股价带量暴跌之后企稳筑底，当突破横盘高点时，上升趋势确立，买进机会到来。

比亚迪（002594），H股腰斩，拖累A股跌停

2014年12月18日，"黑天鹅"来袭，比亚迪午后突遭恐慌性抛售，H股出现断崖式下挫，盘中最高跌幅达47%；A股受此影响以跌停报收。

对于比亚迪此番暴跌原因，市场有诸多猜测。为此，比亚迪12月18日晚发布澄清公告，逐一撇清暴跌传闻，表示公司经营情况一切正常，各业务进展顺利，公司基本面及内外部经营环境未发生重大变化。比亚迪还称，根据港交所股权披露显示，巴菲特旗下子公司仍还持有公司2.25亿港股股份。目前，公司没有发现巴菲特未来将减持公司股票的任何迹象。（中国证券报2014年12月19日）

如图2，H股比亚迪股份（01211）2014年12月18日遭巨量做空，盘

图2

中最高跌幅达 47%。

应对措施

1. 公司第一时间站出来化解市场传闻

2014 年 12 月 18 日，面对比亚迪股价的暴跌，市场传言纷纷。包括：比亚迪在俄罗斯遭受数亿元汇兑损失；电动客车订单大幅萎缩；融资盘爆仓，重仓基金被触发止损；巴菲特以及比亚迪其他重要股东减持；等等。

股价跌停板当日，比亚迪在收市之后立即召开投资者电话会议，一一做出回应，并在晚间发布澄清公告。对于比亚迪在俄罗斯遭受数亿元汇兑损失的传闻，公司表示，公司出口俄罗斯产品交易金额较小（低于 100 万美元），且以美元结算，不存在汇兑损失问题。另外，旗下电动汽车和电池厂的所有运行均正常。对于巴菲特减持传闻，今日公司与持有公司股份的巴菲特旗下公司 BERKSHIRE HATHWAYINC. 相关负责人沟通确认，其近期减持公司股票情况不属实，也没有减持公司股票的计划。

2. 控股股东增持公司股份

为了提振信心，公司高管用实际行动力挺公司。12 月 24 日晚间，比亚迪发布公告称，公司控股股东王传福于 2014 年 12 月 23 日从市场购入 100 万股比亚迪 H 股。此外，王传福表示不排除日后将于适当情况下继续增持比亚迪的股份。

除王传福外，比亚迪港股的另一主要投资者黑石集团也于 12 月 4 日和 9 日两次增持了比亚迪 H 股股份，合计增持 168.3 万股，目前持股比例已经达到 5.71%。（证券时报 2014 年 12 月 25 日）

后续影响

股价经历 12 月 18 日暴跌之后，12 月 22 日再次下挫 7.1%。虽然随后出现一波反弹，但是并没有创出 12 月 18 日暴跌高点，而是再次滑落到 2015 年 2 月初。

为此，当股价回落幅度加大之时，比亚迪再次发布了两个重要消息：

一是 2015 年 1 月 28 日，比亚迪（002594）在最新公布的《投资者关系活动记录表》中透露，未来公司将更集中于汽车业务，特别是新能源汽车业务。在未来上市的新车型中，公司会同步推出燃油版和插电式混动版，加快新能源汽车车型的丰富和推广。预计，未来新能源汽车业务收入和利润占集团整体的比例将越来越高，最终成为公司最主要的收入和利润来源。

二是 2015 年 2 月 3 日比亚迪（002594）发布公告，公司收到了陕西银监局同意比亚迪汽车金融有限公司开业的批复，标志着比亚迪汽车金融业务正式落地，公司有望建立健全汽车金融服务体系，提升汽车销量及市场份额。

投资分析

王传福出手增持，反映控股股东对公司的发展前景抱有信心，有利于稳定二级市场投资局面。而且，王传福已经多次公开表达对比亚迪发展前景的信心。按照王传福披露的数据，预计公司当年（2014 年）新能源车销售额将达到 80 亿元人民币，较公司此前披露的数字增长 10 亿元。

同时，预计电动汽车补贴政策等将消除市场对电动汽车政策变化的疑虑。另外，公司着手完善汽车金融服务体系，坚持做大新能源汽车业务，为未来高成长奠定基础。

通过以上分析不难发现，股价暴跌并不是由于公司基本面的重大改变导致的，可能是一些市场传言加上某一偶发因素（比如机构联手做空等）导致的恐慌性下跌。因此，一旦股价止跌企稳，完成底部构筑，又是一个投资的好时机。

如图 3，比亚迪 A 股 2014 年 12 月 18 日，受 H 股腰斩拖累跌停板。但是随着控股东王传福出手增持等一系列举措的发布，股价很快触底反弹，构筑大底。之后，一支带量长阳 K 线向上突破横盘平台，上升趋势宣告恢复，盈利之路开启。

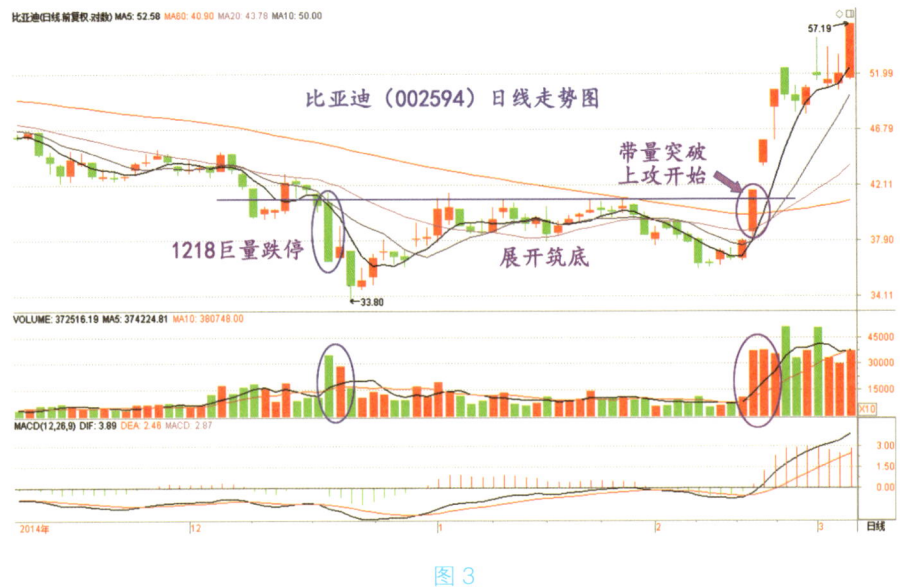

图3

海翔药业（002099）"赌债门"传闻致使股价大跌

2014年5月9日，市场传闻海翔药业（002099）董事长因赌债卖股，股价当日大跌。

事件的起因是有一位署名为"明石高峰"的基金公司高管在微博上爆料说：某药业公司老总退休后把位置让给儿子，结果儿子几个月内在澳门输了5亿元，由于追债的人追得太紧，没办法只能把股份全部贱卖了3.8亿元。这一消息随后在网上引发轩然大波，媒体纷纷将传闻的主角锁定为"海翔药业"。受此传闻影响，股价当日大跌，2014年5月8日收报7.32元，跌5.91%。这只突然飞来的"黑天鹅"导致海翔药业5月9日申请临时停牌。

应对措施

5月12日，海翔药业发布媒体传闻的澄清公告，一是原股东不存在涉赌问题明确否认了公司原股东罗煜竑转让公司股份是为了偿还赌债的传闻；二是本次重大资产重组信息披露不违规。

受让方王云富先生表示，收购原因是海翔药业具备长期投资价值，看好公司的未来发展前景。

后续影响

股价 5 月 12 日复牌后并没有就此止跌企稳，而是继续下跌。尽管随后反弹幅度达到 20% 以上，但是公司刚于 6 月 4 日公告重组申请获受理，却在不到一周后被暂停审核。2014 年 6 月 6 日公司公告称，因参与本次重组的有关方面涉嫌违法被稽查立案，本次重组申请被暂停审核。结果，6 月 9 日（周一）股价以"一"字形跌停板报收。

投资分析

本次传言尽管非常负面，但是对于公司的基本面，并没有构成实质性的损害。而且，根据海翔药业之前发布的重组公告，本次交易完成后，公司业务规模和财务状况得到大幅提升，2012 年度和 2013 年度营业收入分别由收购前 11.45 亿元、11.61 亿元增加至 19.62 亿元、21.57 亿元，增长幅度分别为 71.33% 和 85.8%。参照 2013 年 12 月 31 日数据，上市公司的资产负债率由收购前的 70% 降至 52.24%。

客观而言，抛开"赌债门"事件的影响，本次收购重组对于海翔药业未来做强做大无疑是有利的。但是，受此"黑天鹅"事件影响，股价在 21 个交易之内（2014 年 5 月 8 日—6 月 10 日）非理性地下跌了 20%。那么，只要基本面没有发生重大恶化，投资价值就显现出来了。

股价在前期横盘突破阶段的核心长阳线部位获得支撑，同时也是 60 日均线附近，成交量明显放出来，股价止跌回升。（见图 4）

图中显示，2014 年 6 月 17 日证券时报报道称，新大股东未涉内幕交易，海翔药业重组或不受影响。当日成交量温和放大，股价上涨 6.1%，回补前面的跌停板缺口。此时可正式将其列为投资标的。当 5 日均线金叉 20 日均线，同时 MACD 在 0 轴附近金叉向上的时候，买点出现。

2014 年 7 月 6 日晚间，公司公告"并购重组申请获证监会恢复审核"，

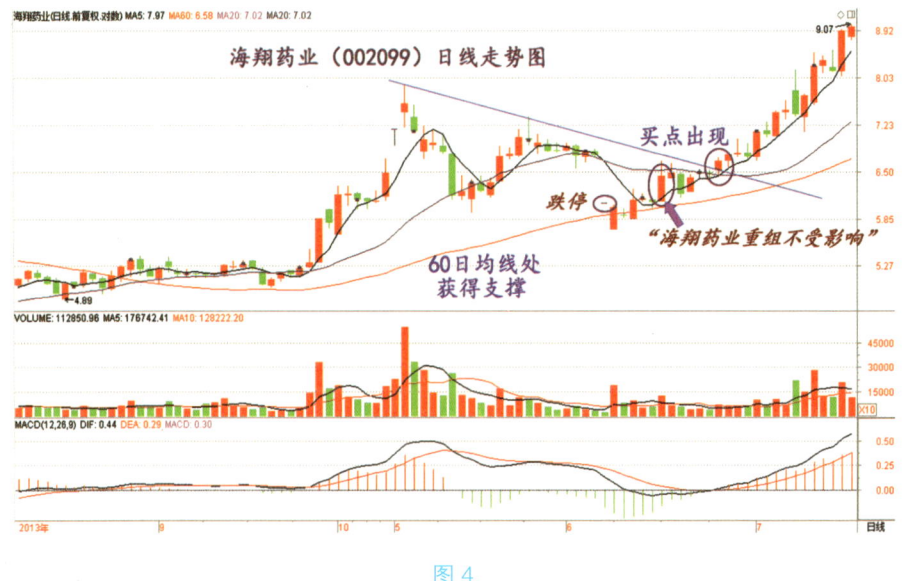

图 4

股价借此机会创出新高,步入中长期上升趋势中。7月29日海翔药业(002099)公告,上半年净利723万同比增192%。从中长期投资的角度来看,"黑天鹅""横行"阶段,正是海翔药业投资价值被低估的时候。

闰土股份(002440)董事长坠楼身亡,引发股价破位下行

2014年9月29日闰土股份(002440)董事长阮加根坠楼身亡。引发股价破位下跌,创出年内新低。

2014年9月29日,有关闰土股份董事长28日晚跳楼身亡的消息不断传出,开市起闰土股份临时停牌。9月29日晚间,闰土股份发布公告称,董事长阮加根不幸于2014年9月28日晚意外逝世。(中国证券报2014年9月30日)

应对措施

9月30日,公司公告称,在选举新任董事长之前,由副董事长阮加春(阮加根的弟弟)代为履行公司董事长的职责,董事会将尽快组织召开董事会选举新的董事长。闰土股份表示,公司各项经营和管理活动一切正常,无其他应披露而未披露事项。

同时，据《中国证券报》9月30日报道："业内人士认为，闰土股份目前处于良好的上升通道，今年上半年业绩高速增长，实现营业收入29.11亿元，同比增长34.92%；实现净利润6.66亿元，同比增长160.75%，而未来染料价格波动有望继续利好公司。受益公司染料产品价格上调的原因，公司预计前三季度归属于上市公司股东的净利润同比有80%至110%的增长。"

后续影响

对于很多民营上市公司投资者来说，公司创始人的意外辞世，无疑是最大的"黑天鹅"。此次闰土股份董事长坠楼事件发生在股价中期调整阶段，2014年9月30日复牌一开盘即大跌，收盘跌5.85%，报18.18元。"黑天鹅"事件导致股价再次回落，在10月27日创出年内新低16.29元。

投资分析

此次黑天事件导致股价上升趋势遭到破坏，并且创出新低，但是其基本面并没有出现恶化。而且，需要注意的是，该股除了9月30日复牌当日成交量显著放大之外，股价随大盘指数下跌期间成交量一直萎缩，显然资金并没有大肆流出。一旦筑底成功，机会就出现了。（见图5）

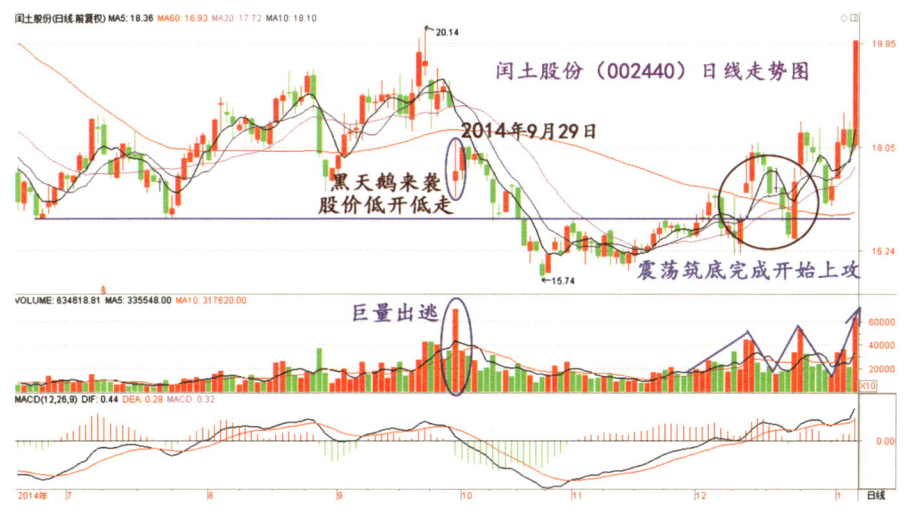

图5

如图5，2014年9月29日"黑天鹅"袭来，股价9月30日复牌后放量低开，之后低走，创出16.29新低。之后横盘震荡筑底，买进机会到来。事后看来，本次"黑天鹅"事件为股价铸就了牢靠的底部。

乐视网 (300104) 遭遇政策"黑天鹅"，股价连续暴跌

受广电总局对互联网盒子监管升级以及2014年7月15日，某媒体报道《乐视网被总局点名"严重违规"，与集成服务牌照方合作被中止》等，传闻"广电总局已经口头告知7家集成服务牌照方，不能再与乐视网合作"等。受此影响，乐视网从7月16日起连续两日暴跌。7月16日下跌9.75%，7月17日下跌10.01%，短短两天之内市值蒸发了63.5亿。下跌过程中融资客不断买入，严重被套。

应对措施

1. 乐视网17日晚间发布了澄清公告

称媒体报道与事实不符，据公司向监管部门直接了解，乐视网与央视在互联网机顶盒合作中存在违规并要求整改，在整改期间除央视以外与除央视之外6家牌照方只是暂停合作，整改完成后将继续合作。乐视并称，广电新政策发布，从长远来看，不会改变公司商业模式，并有利于拥有大量正版内容的公司长远发展。

2. 7月18日，乐视高层紧急召开投资者说明会

会上，乐视网除了对近期部分媒体刊登的《乐视网被总局点名"严重违规"，与集成服务牌照方合作被中止》的报道中，部分内容与事实不符进行澄清外，乐视网一众高管和机构投资者进行交流，并释放了利好消息，牵手中宣部，中宣部把乐视网当做主流宣传阵营，中宣部旗下的频道将登陆超级电视，这在一大程度上打消市场有关监管部门和乐视网关系的质疑。

后续影响

尽管从7月到12月之间，乐视网做出多方努力，包括筹划非公开发行、

欲将乐视影业注入,但股价在此期间并没有成功筑底,而且累计下跌30%以上。

2014年12月22日上午,乐视网再次意外大跌。收市后,乐视迅速做出反应,宣布"由于对公司未来发展的巨大信心",现任管理层(12名高管)集体增持公司股票。随后公告显示,公司高管在23日至29日期间,累计增持量达到26.07万股,成为2014年上市公司中高管同时集体增持人数最多的公司。

与此同时,2014年10月24日晚间公司发布季报,称三季报利润同比增长18.36%,每股收益达到0.27元。

投资分析

公司基本面没有出现重大负面变化,而且三季报业绩稳定增长。可见,"黑天鹅"只是重创了市场参与者的信心。同时,高管集体增持再次显露出公司护盘的决心,对于稳定人心、股价筑底反弹具有重要意义。

2014年12月,股价闻风启动,V形折返向上。

图6显示,尽管股价在2014年7月16日、17日两日连续大跌后出现一波反弹行情,但是没有根本扭转下跌趋势,而是在60日均线的压制下

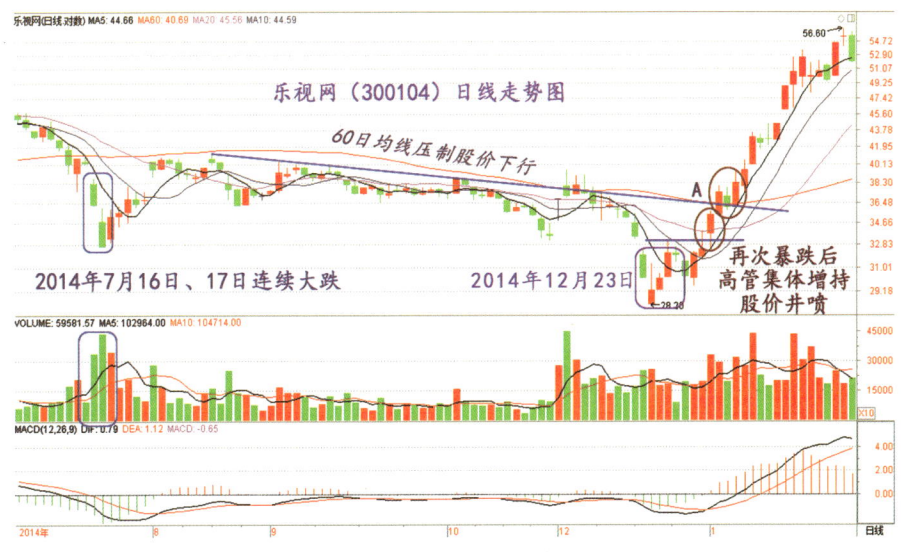

图6

继续滑落，直到 12 月 23 日。当高管集体增持、股价突破短期高点以及突破 60 日均线（压力趋势线）阻力的地方即是较好的入场位置。

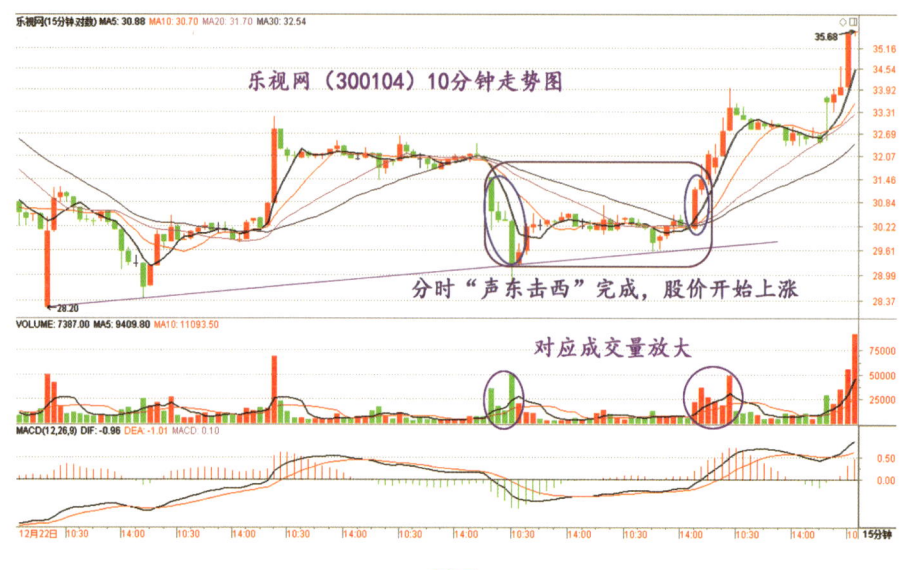

图 7

如图 7，对应在分时图上，完成"声东击西"形态构建之时，即是介入的好时机。

伊利股份（600887）遭遇利空双击，市值蒸发 53 亿

"黑天鹅"年年有，只只各不同。2014 年 6 月 3 日，一则媒体报道＋一份唱空研报，令伊利股份（600887）暴跌 7.75%，创出年内新低，市值蒸发 53 亿。

事件一：2014 年端午节期间，《京华时报》、一财网等媒体刊发报道，称："国家食品药品监督管理总局近日公布了'考卷'结果，82 家接受婴幼儿配方乳粉生产可审查的企业中，51 家因各种原因"落榜"，其中包括了 4 家伊利旗下工厂。"

事件二：6 月 3 日，光大证券某分析师盘前发布唱空伊利股份研

报:"伊利将遭遇低温奶、常温酸奶和进口奶的全面冲击",给予伊利股份卖出评级,6个月目标价22.70元。

在光大证券研报唱空、传闻旗下4家工厂"落榜"婴幼儿配方乳粉生产许可审核等利空消息打击下,伊利股价当日低开低走,收盘放量暴跌7.75%。盘后交易公开数据显示,机构成为昨日伊利股份的出货主力。此次暴跌导致14.8亿融资盘悉数被套,蒸发53亿市值被蒸发。

应对措施

第一,针对媒体报道其旗下4家工厂"落榜"婴幼儿配方乳粉生产许可审核的问题,伊利股份6月3日晚间即发布澄清公告。称,旗下所有生产婴幼儿配方乳粉的工厂全部第一批通过新细则审核,获得婴幼儿配方乳粉生产许可证。

同时声明,有媒体报道称公司有4家工厂未通过本次审查,实际上是因为它们不需要申请获得婴幼儿配方乳粉生产许可证,因此这4家工厂不在本公司提交的生产许可审查名单中。

第二,针对光大证券的唱空研报,伊利股份也迅速做出反击,称光大证券某研究员对乳制品行业了解不深入,看空的三个理由均不成立。

与此同时,多家机构当日发布研报继续推荐伊利股份。

后续影响

暴跌次日股价即收阳,全天涨幅达到2.56%。显示股价继续下行空间有限。

而且,2014年6月6日公司再抛利好,全资子公司畜牧公司将获20亿现金增资。战略投资者分别为"云峰香港"和"中信香港"两家基金。上述基金将以合计不少于20亿元人民币等值的美元向畜牧公司以现金方式增资,用于畜牧公司业务发展。此举将有利于持续长远地促进公司原奶供应保障体系建设,进一步提升公司主业盈利能力。(摘编自每日经济新闻)

投资分析

通过股价以及市场后续反应来看,光大证券唱空研报及媒体相关报道并没有对伊利股份的基本面造成任何影响。而且，随着后续利好出台，股价单日暴跌"砸出"的"洼地"极具投资价值。

唱空当日，股价暴跌后不久即震荡筑底，收复失地，最大反弹幅度近40%。（见图8）

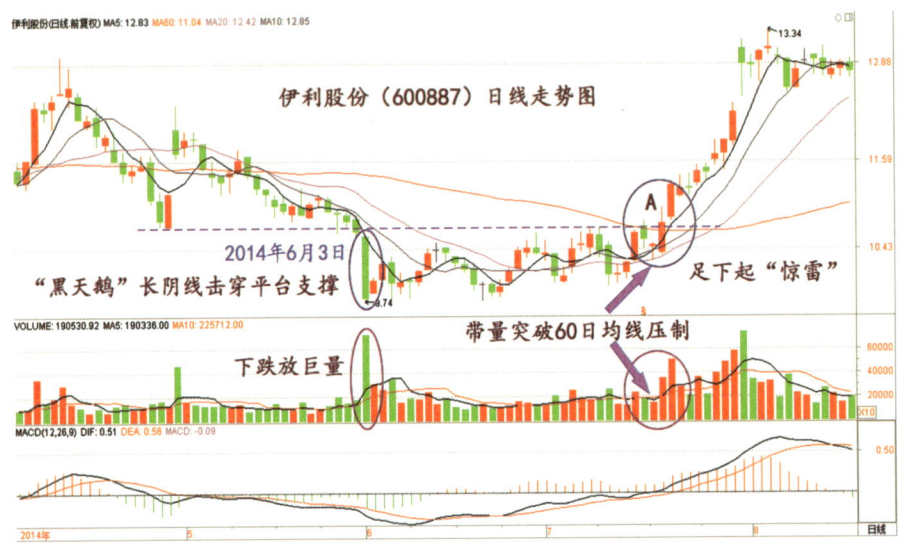

图 8

如图8，研报唱空当日股价单日暴跌（A处），但是随后没有继续下跌，该带量长阴线成为"截底阴线"——股价随后震荡上行，B处成为介入的关键位置。

总之，"黑天鹅"事件爆发之后，只要公司管理层反应迅速、应对得当、措施有力，能快速控制局面，消除或减轻对公司基本面的负面影响，则估值修复预期就会十分强烈，投资价值就显现出来了。希望以上案例解读能够抛砖引玉，为大家厘清其背后的投资逻辑，有效把握"黑天鹅"事件带来的投资机会。

"黑天鹅"虽少，但机会不小，且行且珍惜。

后 记
EPILOGUE

修炼自我　跟着市场走
——持久盈利不二法门

踏入股市，大家往往变得都很任性。但是，由于每个人的思维结构不同，分析手段各异、风险承受力千差万别……导致大家对于证券交易的理解、认识、追求大不相同。然而，对于利润的喜好、追逐却是相同的。因此，兴奋、贪婪、恐惧、懊恼、嫉妒、患得患失等情绪贯穿投资始末。表现在交易中就是不断地追涨杀跌，不停地寻找涨停密码，可一不留神就会掉入交易陷阱……所以，盈利时的喜不自禁、被套后的重重忧伤，在周而复始不断上演。从这个角度来看，不少投资者已经自觉不自觉地沦为股市的囚徒。

所以，置身风险市场中一定要保持足够的警觉，万不可率性而为。尽管牛市涨升一片，但是自己能否赚得钵满盆溢并在市场见顶时全身而退，全在于自己，与股市本身无关。

同时，资本市场又是理性投资者的乐园。大家只要找准自己的道，找到适合自己的投资方法，少一些急功近利，多一些冷静布局，便能拨云见日，进退自如。即使牛市大潮退去，也可悠然转身，而不至于搁浅在高峰上，自灭于下跌中。

为此，笔者将自己"珍藏"多年的三个基本准则拿出来与大家共勉：

跟着市场走，只做趋势的朋友；

坚守交易底线，不为外境所动；

寻找适合自己的方法，把握恰当的买卖机会。

需要强调的是，任何分析方法都是为把握买卖机会服务的。但是，每一种方法都有其明显的局限性、阶段性，都只是分析技术的一小部分，都有失灵的时候。就像盲人摸象一般，我们只能从某一维度、某一方面对市场走势略加解读，无法做到面面俱到。

所以，本书也只能起到抛砖引玉的作用，真诚希望能够激发大家去不断追求投资真谛，开启持久盈利之门。

大家有建议和意见，可以加我QQ：2801034280（红谷使者），或加我微信号hgsz188，扫描下列二维码：

让我们不断改进和提高。谢谢大家！